再見東漢

班固

楊佩螢　著

三民書局

獻給孩子們的禮物

主編的話

　　世界上最幸福的孩子，是他們一出生就有機會接近故事書，想想看，那些書中的人物，不論古今中外都來到了眼前，與他們相識，不僅分享了各個人物生活中的點滴，孩子們的想像力也隨著書中的故事情節飛翔。

　　不論世界如何演變，科技如何發達，孩子一世幸福的起源，仍然來自於父母的影響，如果每一個孩子都能從小在父母親的懷抱中，傾聽故事，共享閱讀之樂，長大後養成了閱讀習慣，這將是一生中享用不盡的財富。

　　三民書局的劉振強董事長，想必也是一位深信讀書是人生最大財富的人，在讀書人口往下滑落的多元化時代，他仍然堅信讀書的重要，近年來，更不計成本，連續出版了特別為孩子們策劃的兒童文學叢書，從「文學家」、「藝術家」、「音樂家」、「影響世界的人」系列到「童話小天地」、「第一次」系列，至今已出版了近百本，這僅是由筆者主編出版的部分叢書而已，若包括其他兒童詩集及套書，三民書局已出版不下千百種的兒童讀物。

　　劉董事長也時常感念著，在他困苦貧窮的青少年時期，是書使他堅強向上，在社會普遍困苦，而生活簡陋的年代，也是書成了他最好的良伴，他希望在他的有生之年，分享這份資產，讓下一代可以充分使用，讓親子共讀的親情，源遠流長。

　　「世紀人物100」系列早就在他的關切中構思著，希望能出版

孩子們喜歡而且一生難忘的好書。近年來筆者放下一切寫作，接下這份主編重任，並結合海內外有心兒童文學的作者共同為下一代效力，正是感動於劉董事長致力文化大業的真誠之心，更欣喜許多志同道合的朋友，能與我一起為孩子們寫書。

「世紀人物 100」系列規劃出版一百位人物故事，中外各占五十人，包括了在歷史上有關文學、藝術、人文、政治與科學等各行各業有貢獻的人物故事，邀請國內外兒童文學領域專業的學者、作家同心協力編寫，費時多年，分梯次出版。在越來越多元化的世界中，每個人都有各自的才華與潛力，每個朝代也都有其可歌可泣的故事，但是在故事背後所具有的一個共同點，就是每個傳主在困苦中不屈不撓，令人難忘的經歷，這些經歷經由各作者用心博覽有關資料，再三推敲求證，再以文學之筆，寫出了有趣而感人的故事。

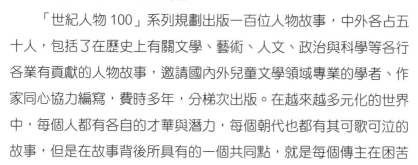

西諺有云：「世界因有各式各樣不同的人群，才更加多采多姿。」這套書就是以「人」的故事為主旨，不刻意美化傳主，以每一位傳主的生活經歷為主軸，深入描寫他們成長的環境、家庭教育與童年生活，深入探索是什麼因素造成了他們與眾不同？是什麼力量驅動了他們鍥而不捨的毅力？以日常生活中的小故事，來描

繪出這些人物，為什麼能使夢想成真。為了引起小讀者的興趣，特別著重在各傳主的童年生活描述，希望能引起共鳴。尤其在閱讀這些作品時，能於心領神會中得到靈感。

和一般從外文翻譯出來的偉人傳記所不同的是，此套書的特色是，由熟悉兒童文學又關心教育的作者用心收集資料，用有趣的故事，融入知識，並以文學之筆，深入淺出寫出適合小朋友與大朋友閱讀的人物傳記。在探討每位人物的內在心理因素之餘，也希望讀者從閱讀中，能激勵出個人內在的潛力和夢想。我相信每個孩子在年少時都會發呆做夢，在他們發呆和做夢的同時，書是他們最私密的好友，在閱讀中，沒有批判和譏諷，卻可隨書中的主人翁，海闊天空一起遨遊，或狂想或計畫，而成為心靈知交，不僅留下年少時，從閱讀中得到的神交良伴（一個回憶），如果能兩代共讀，讀後一起討論，綿綿相傳，留下共同回憶，何嘗不是一幅幸福的親子圖？

2006 年，我們升格成為祖字輩，有一位朋友提了滿滿兩袋的童書相送，一袋給新科父母，一袋給我們。老友是美國國家科學院院士，曾擔任過全美閱讀評估諮議委員，也是一位慈愛的好爺爺，深信閱讀對人生的重要。他很感性的說：「不要以為娃娃聽不懂故事，我的孫兒們一出生就聽我們念故事書，長大後不僅愛讀書而且想像力豐富，尤其是文字表達能力特別強。」我完全同意，並欣然接受那兩袋最珍貴的禮物。

因為我們同樣都是愛讀書、也深得讀書之樂的人。

謹以此套「世紀人物 100」叢書送給所有愛讀書的孩子和家庭，

以及我們的孫兒──石開文，他們都是世界上最幸福的孩子，因為從小有書為伴，與愛同行。

面對班固這樣孜孜不倦的作家，翻看他不順遂的生平經歷，尤其不忍心，就像本文中彩虹鸚鵡說的：「這時不忍心讓你們看見班固的形象……」。其實，班固不論是變得蒼老削瘦，或是入獄受刑，對我而言，每讀一個字都像是一種煎熬，畢竟，誰不希望看見這樣有學問的歷史學家，能夠永遠容光煥發，精神奕奕呢？

正是如此，親近班固的時代，貼近班固的生活，進而了解班固的想法，成為一種必要，我們如何忍心讓兩千多年後的班固也不被了解，如何忍心讓班固付出一生心力的著作——《漢書》沉入歷史的海洋中？

因此，我很想接近他，想實地採訪他，像面對一位博學的長者，甚至是自己的偶像一樣，靜靜的聽他說出心裡的祕密，聽他談論對歷史的看法。然而，時代太遙遠了，我們沒有小叮噹的「任意門」，也不像愛麗絲可以「夢遊仙境」，只能遙想，只能束手無策。幸好，有了精靈族的加入，是他們穿越時空的能力，讓我的夢想成真，也是他們多姿多彩的道具使用，讓我得以在時空旅行中順暢無阻。

就這樣，我相信有精靈族的存在，一路
追隨著他們旅行的步伐停、看、聽。創作中，
我也真正經歷了一場時空旅行，一路驚喜，一路
學習，然後依依不捨的離開東漢時代，離開可愛
的芸霈、順彬，親切的春衣姐、劉博士、歷史博士以及著書不倦的
班固。當我揮著手向這段旅程道別，生活中的旅行才真正展開而已，
然而，經歷過這樣豐富的行程，不論面對現在、過去或未來，我都
將更有自信。

——神祕的作者敬啟

寫書的人

楊佩螢

嗨！如果你也想經歷時空旅行，你一定得認識這一位
人物，因為她負責精靈與人類的溝通，總是以不同的角色
出現在生活中，隨處觀察適合旅行的人，然後提報給彩虹
宮的歷史博士。

佩玉螢光，就是她的名字，簡稱：佩螢。

她平常住在由文字磚塊做成的城堡裡，這是歷史博士給她
的特權，如果你每天專心認真的學習，下一次，就會出現在旅
行名單上。

「達，達，達……」她又開始輸入名字了，是不是你呢？

順彬的話

旅行就這樣結束？有點不敢相信？

比起閱讀書本上的描寫，實際走訪漢代的確給我留下更深刻的印象！芸霈真是不簡單，我先前以為她只不過喜歡看院線片，湊個熱鬧、背背古詩而已，沒想到她的歷史知識如此豐富，我一定不可以輸給她！

採訪班固的時候，其實我緊張得手心直冒汗呢！幸好沒有被發現，不過，像班固這樣溫文儒雅，又飽讀詩書的人，當然不會取笑我，反而循循善誘，讓我說出想說的話，他對芸霈也是如此。我要好好向班固學習才是！

真希望下一次旅行可以趕快到來！

——順彬日記一則

我的聲音恢復了，距離東漢、彩虹宮越來越遠了！

春衣姐、劉博士、歷史博士你們在哪裡呀？

孟堅先生心情好嗎？醃梅吃了嗎？

順彬怎麼可以這樣迅速回復心情呢？我就是想念旅行中的一切啊！

我終於了解孟堅先生，終於知道他為何選擇緹縈作為〈詠史〉一詩的題材，而我想知道的還不只這些，腦袋裡有更多的疑問，留待自己去閱讀與發現，就像孟堅先生辛勤的翻閱資料一樣！

我想，唯一親近他們的方式就是下一次旅行，而下一次旅行前，我得儲備更多的基本知識，這就是我閱讀的動力！

親愛的夥伴，下次再見，我會努力的！

——芸霈塗鴉一則

　　旅行順利結束了，相信你會對他們的表現嘖嘖稱奇！他們是我及劉博士見過最好學的孩子了，這趟旅行我們的收穫也不少，尤其親眼見到細緻華麗的絲綢，簡直令我嘆為觀止，不只芸霈他們吃驚，在精靈族三百多年，我也沒看過這樣美麗的布料啊！中國古代的工藝水平，若不是親眼所見，還真的令人難以置信呢！

　　透過螢幕見到景仰的班固，對他也有了更深一層的了解，古代文人對國家社會的責任感是這樣的深重，這是值得我們好好學習的地方！敬祝

如意！

──春衣、劉博士之旅行報告書

再見東漢

班固

目次

世紀人物 100

班　固

32～92

1 電影院外的巧遇

看完電影，芸霈顯得若有所思，一副沉浸在電影情節裡的模樣。一踏出電影院，卻立刻被耀眼的陽光刺得睜不開眼睛。這突如其來的陽光，迫使芸霈從電影世界回到現實。她揚起嘴角，輕輕微笑，下意識的緊握手中傳單，看來她似乎對傳單上的簡介資料瞭若指掌，隱約間，我們似乎聽見芸霈默背或回憶的聲音：「發生於西漢的歷史故事，描述西漢良醫淳于意被人誣告惡藥殺人，幼女緹縈冒死上書，終於為父雪冤。淳于意一生有五女，而無男孩。緹縈至孝的救父故事，傳達出對傳統中國重男輕女觀念的抗議……。」

漫步在回家途中，芸霈只是漫不經心的隨著人潮移動，她心

裡想著：「緹縈真是勇敢又聰明的女孩，幸好有這樣一部電影，得以讓她的故事流傳下來，廣為人知……。」忽然，靈光一閃，憶起東漢班固有一首讚美緹縈的詩＊，但搜索枯腸，卻只記得最後兩句：「百男何憒憒，不如一緹縈」，這兩句顯然是將緹縈救父的功績與古代尋常男子相比，班固認為緹縈所具有的勇氣與智

＊班固〈詠史〉全詩為：「三王德彌薄，惟後用肉刑。太倉令有罪，就遞長安城。自恨身無子，困急獨煢煢。小女痛父言，死者不可生。上書詣闕下，思古歌〈雞鳴〉。憂心摧折裂，晨風揚激聲。聖漢孝文帝，惻然感至情。百男何憒憒，不如一緹縈。」大意是說：三王美好的德行，對後代有許多貢獻，唯有「肉刑」一事，留下敗筆。西漢時代太倉令犯法，被送往長安城。臨行前，太倉公感嘆的說：「可惜我沒有生男孩，像這樣急難的時候，只能一個人孤獨面對，沒有人能幫得上忙！」小女兒緹縈聽到父親的嘆息，便決定要赴長安城救父。果然，文帝被緹縈的孝心所感動，終於廢除從三王時代留下來的殘酷「肉刑」，同時頒布了新的刑法。這樣的故事讓班固也忍不住要讚嘆：「多少男孩即使遇到相同的事件，都會顯得遲鈍怯懦，不如一個勇敢機巧的小女孩緹縈啊！」這樣的感嘆，不僅讓緹縈救父的勇氣獲得最大讚美，也讓緹縈的故事隨著這首詩流傳下來。

慧，恐怕不是一般男孩子所能相比的，因此，這兩句詩也最為人所熟知。

「為什麼我就是想不起整首詩呢？」芸需忍不住責備起自己的半調子，臉上露出慚愧的表情，腳步也不由自主的停了下來。她站在電影院的轉角，繼續思考：「為什麼這首讚美女子之智勇勝過男子的詩，會出於堂堂男子漢班固之手呢？這個人一定很有趣吧！唉呀，整首詩到底是什麼？」想著想著，芸需越來越感到心急。恍恍惚惚，她看見天空似乎有不明物體在飛動，像是兩三隻巨大蒼蠅……。

「一隻、兩隻、三隻！」她揉揉眼睛，不敢置信的舉起食指，對著天空的飛行物計數。

「有小飛碟入侵地球呀！」像電影情節般的景象，令她失神的大叫。顧不得手中緊握的傳單是

自己看完電影的最佳收藏，一捲起來，就奮力往上扔，企圖擊落空中的飛行物。

芸霈想像著：「雖然在好萊塢電影中，拯救外星人入侵地球者往往是高大的男人，我年紀小、力氣弱，又是小個子女生，似乎和電影中的主角沒有一點共同點，但是救父的緹縈不也是如此嗎？我何不效法緹縈的精神，即使是孤軍奮戰，也要設法拯救地球啊！」想著想著，手中的傳單竟發揮了最大的力量，投擲到又高又遠的地方去了！奇怪的是，三個飛行體竟然也立刻消失無蹤。

芸霈雖然一開始就不相信一張傳單可以趕走外星人，但飛行物的確不見了，她忍不住張大眼睛東張西望，轉轉頭、踱踱步，在原地繞了幾圈，卻再也找不到剛剛的不明飛行物。

「喂！我們降落在妳的帽子

上，請不要再亂丟東西了，一張傳單能做什麼呢？何況我們是擁有各種能力的小精靈，不是什麼小飛碟！」不知何處傳來小男生的聲音，細小又粗暴，除了表白身分，還刻意加強責備的口氣，指責芸霈亂丟東西。

芸霈意識到整件事情的不可思議，於是百般不信任的提高音量說：「小精靈？」那聲音劃過街道，讓路人都停了下來。當她想進一步向停下來的路人解釋時，發現自己張大了嘴巴，卻發不出任何聲音。芸霈緊張的向路人比手劃腳，只見路人或投以奇異的眼神，或若無其事的離開，留下芸霈一個人失落的站在原地，心想：「到底是誰搞的鬼？」

站在街口的她，越是想叫路人停下來，聽她解釋剛剛的危機，卻越是沒有人看她一眼，甚至，大家的眼神越來越顯得鄙棄

厭惡，進而紛紛邁開腳步，迅速離開，彷彿芸霈成了散播病毒的傳染源，所有人都想遠遠避開。

電影中，緹縈的形象再次出現在芸霈的腦海中，她想著：「緹縈單獨一個人承擔起救父的責任，她所感受到的孤獨，就是我現在體會到的嗎？」芸霈只能一面遙想緹縈，一面心急的拿下帽子，想證明「精靈族」的話是不是造假。

隱隱約約，她看見帽子上有三個跳動的小黑點，左擺右動，不知道比著什麼手勢，作著什麼動作。芸霈一想起剛剛被羞辱的不愉快，舉起手掌，準備將帽子上的小黑點打落，「不過是兩三隻蒼蠅……。」她這樣告訴自己。

這時，她聽到溫柔的女生聲音傳來：「請不要拍打帽子！剛剛真的很抱歉，別擔心，我們不是壞人！」

接著，一位男士的聲音說：

「真不好意思，妳剛才想發出聲音時，我用『消音噴霧』讓妳暫時失聲，因為怕妳洩漏我們的行蹤。這個噴霧噴一次時效長達一小時，如果妳保持安靜，我便即刻幫妳回復聲音。喔，對了，我還有『讀語機』，可以讀取妳的唇語，甚至竊聽妳心裡的聲音，即使妳無法說話，我們仍然可以溝通，如果有什麼問題的話，請妳隨時發問，好嗎？」

芸霈半信半疑的放下高舉的右手，心想:「如果真是小精靈，為何要帶這麼多『整人把戲』？我如何確定他們只是小精靈，而不是入侵地球的壞人呢？」

頃刻，她又聽見先前那個粗暴無理的小男生提高音量嚷著：「什麼『整人把戲』！如果妳老是抱持著懷疑的態度，就會失去萬中選一的旅行機會了！」

芸霈雖然極度不滿那個小男

生無理的談吐，卻又對「旅行」兩個字耿耿於懷，默念著:「旅行……。」

耳邊溫柔的女生說:「嗯，對呀！我們正要去享受一趟穿越時空的旅行……，目的地是到東漢採訪班固，妳不是對班固以緹縈故事為內容寫成的〈詠史〉詩，感到很好奇嗎?」

芸霈不自覺的點了點頭，一切都來不及反應，就發現自己像夢遊仙境裡的愛麗絲，不小心喝下桌上的不明液體一樣，不斷的縮小縮小，直到她發現自己竟然可以清楚的看見帽子上三個小黑點的長相:溫柔的女生蓄著兩條烏黑的長辮子，穿著淡紫色的中國服飾，掛著盈盈微笑；旁邊站著一位成熟穩重的男士，穿著典雅的淺藍色中國長袍，雖然面無表情，卻不會給人可怕的感覺，相反的，芸霈直覺他是一位博學

多聞的博士；粗暴的男生則穿著和班上男同學一模一樣的襯衫、牛仔褲，仔細一看，竟是常常欺負自己的順彬，還一邊無理的嚷著：「她只知道班固的〈詠史〉詩，為什麼要選她？」芸霈還來不及回嘴，只覺得自己越來越小，甚至來不及發出任何疑問，就發現自己的背上有一對翅膀正在茁壯，一切都變化得太快⋯⋯。

2 彩虹通行證

　　不用練飛，芸霈像一個失落的精靈族，長出翅膀的同時，便重新拾回飛翔的記憶。她一面享受著俯視地面的樂趣，一面發出失聲的尖叫：「我還沒有告訴媽媽要去旅行這件事啊！」腦子裡迅速閃過媽媽先是焦急的東張西望，最後因為等不到人而大發雷霆的表情，芸霈不自覺的打了一個寒顫。

　　順彬不知什麼緣故，發出「嘿嘿嘿」的竊笑。原來是芸霈的聲音尚未恢復，還因為張口說話的關係，灌進了幾口風，飛行速度因此減慢許多，而現實生活裡，只聽見幾聲「呀呀呀」的呼喊，沒辦法說出半個字。這時，女精靈飛近她說：「沒關係，妳仔細看，地面的鐘都已經靜止了。

當妳回家時，只是看完一場『緹縈』而已，妳媽媽可能連晚餐都還沒準備好呢！」

芸霈鬆了一口氣。接著女精靈拿出一罐噴霧向她臉上一噴，風拂過臉龐，水滴往後刮去時，芸霈像是被搔了癢一樣，忍不住笑出聲音來。她發現自己竟然聽得見那笑聲，原來自己的聲音已經恢復了，「應該是消除『消音噴霧』的另一種噴霧吧！」她開心的想著。

擁有讀語功能的女精靈飛近芸霈，沒有開口說話，芸霈卻聽見她熱心的回答自己剛剛的疑問：「是呀！是『復音噴霧』，再次為了造成妳的不愉快而道歉！」

芸霈有點吃驚的瞪大眼睛，原來不只長出翅膀，我也有了讀語的能力呀！她興奮的望著女精靈說：「謝謝妳，我可以恢復說話了！你們真的是精靈嗎？這真的

是時空之旅嗎？」

　　女精靈以和善的眼神回望芸霈：「是的，是的，別著急，待會兒妳就會知道自己具不具備旅行資格了！」

　　「請問怎麼稱呼妳？」

　　「妳可以稱我春衣姐。這趟旅行，由我負責你們的食、衣、住、行等生活事項，以及漢代小常識的補充；而這位是專攻漢朝歷史的劉博士，剛好和漢代皇室同姓，負責旅途的導覽與規劃。我們都是精靈族。至於妳一直覺得缺乏禮貌的小男生，的確就是妳班上的同學順彬，我們在電影院的另一側遇見他，他也剛看完『緹縈』這部片。我想你們都對緹縈，甚至是東漢、班固很有興趣，所以想邀請你們和我們一起去經歷這趟難得的時空旅程！」

　　芸霈忍不住瞪大眼睛，到目前為止，她還是不敢相信自己的

遭遇！

　　「妳飛得很好，好好享受第一次飛行的樂趣吧！」春衣姐的話語令芸霈充滿驚喜。這不只是芸霈的第一次飛行，也是第一次透過眼神，便可以與人對談的無語溝通。她十分享受所有的第一次新鮮經驗。

　　就這樣，他們一群人浩浩蕩蕩的飛著，最後來到一座水晶玻璃宮。

　　春衣姐說，這座宮殿是由天空裡的水氣集合而成，只有在水氣密集卻不致積雲成雨時才可以看到，由於水氣在陽光照耀下會反射出七彩的光芒，所以又稱「彩虹宮」。掌管這座宮殿的是精靈族的歷史博士，據說他對中國歷史倒背如流。

　　「等一下便要進入彩虹宮闖關，題目都與漢代典故有關，或許集中在東漢一朝。假設闖關成

功，便可以獲得彩虹通行證，換句話說，你們就可以隨我們去旅行，而且，歷史博士還會致贈神秘的通關禮物！若是失敗了，歷史博士也會即刻取消你們時空旅行的資格，我們則會安全的將你們護送回電影院門口！」劉博士的說明，聽來一板一眼，又毫無人情味，真是令人卻步。

「準備好了嗎？」春衣姐捎來關心的詢問。

芸霈看著她，毅然決然的點點頭，並深吸了一口氣，心跳不自覺的悄悄加速，暗自祈禱著：「讓我見一見班固吧！」

瞬間，地面湧出一團霧氣，像是綜藝節目裡的乾冰，舉目所見皆是霧濛濛的一片。接著芸霈發現自己正一寸寸的被抬高，腳下踏著一層階梯，階梯的中心寫著七彩的「開始」二字。

在白花花的世界裡，其他人

彷彿都消失了，她忍不住害怕的呼喚著:「春衣姐……劉博士……順彬……。」

耳邊適時傳來沉穩的聲音：「芸霈、順彬，你們好！請別慌張，我是歷史博士。闖關方式依照規定要個別作答，所以你們暫時被分隔開來。在彩虹宮裡，只有靠自己的能力，才能取得旅行身分。春衣和劉博士則將在時空旅程的入口迎接你們！通過彩虹階梯益智問答，是過境旅程入口的唯一通行證。一共有七道題目，每題僅能作答一次，作答時間為精靈城三十秒，相當於人類時間三百分鐘，因此，時間相當充裕，請仔細思考後再作答。最後提醒你們，在答題過程中，如果你們認為需要的話，我可以提供每個人一次求救機會，預祝順利！請踩下『開始』按鈕，進入第一道題。」

　　芸霈仔細的聆聽歷史博士的說明，咬緊牙根踩上「開始」按鈕，霧氣瀰漫的前方立刻出現一串醒目的紅色文字：「請問，班固〈詠史〉詩是以誰為歌詠對象？」

　　芸霈一聽，緊張的心情稍稍緩和了，心裡想：「還好剛剛才看過電影！」於是充滿自信的回答：「緹縈！」接著第一層紅色階梯出現，她信心滿滿的踩上去。

　　橙色的題目出現：「班固和緹縈是同一時代的人嗎？」

　　芸霈回憶著：「我記得班固是東漢人，電影簡介說緹縈救父是西漢發生的故事，那麼……」芸霈再次自信的高呼：「不是！」前方又出現黃色題目：「《史記》是司馬遷的作品，而班固寫了哪一本書可以和《史記》媲美？」

　　「《漢書》。」這回答簡直毫不猶豫，連芸霈自己都嚇了一大跳。她心中竊喜著：「幸好到目前

為止都還可以應付！」然後歡喜的踩上黃色階梯：「除了班固之外，請舉出兩位東漢的著名人物，並簡述妳對他們的印象。」

「嗯，題目變難了呀！」芸霈悄悄對自己說完，再次咬緊牙根，以縝縈的堅毅暗自替自己加油。她回答得很慢很慢，彷彿是一個字、一個字吐出來的：「第一位……漢光武帝劉秀……他中興漢朝，是東漢第一位皇帝，替東漢盛世打下良好的基礎＊；另一位是……是……班超，他是班固的弟弟，投筆從戎，像西漢張騫一樣，出使西域，建立邊功。」作答完，芸霈發現自己的手心直冒汗，想到自己口口聲聲說要去見班固，卻對東漢時代背景如此陌生，心中感到慚愧無比。

這時歷史博士的聲音悄然出現：「很好！其實作答時，最怕是對自己沒有信心。恭喜妳已經順

利^{ㄌㄧ}完^{ㄨㄢ}成^{ㄔㄥ}一^ㄧ半^{ㄅㄢ}，喝^{ㄏㄜ}口^{ㄎㄡ}茶^{ㄔㄚ}稍^{ㄕㄠ}作^{ㄗㄨㄛ}休^{ㄒㄧㄡ}息^{ㄒㄧ}，
便^{ㄅㄧㄢ}可^{ㄎㄜ}以^ㄧ進^{ㄐㄧㄣ}入^{ㄖㄨ}藍^{ㄌㄢ}色^{ㄙㄜ}題^{ㄊㄧ}目^{ㄇㄨ}。」芸^{ㄩㄣ}需^{ㄒㄩ}意^ㄧ識^ㄕ
到^{ㄉㄠ}博^{ㄅㄛ}士^ㄕ似^ㄙ乎^{ㄏㄨ}話^{ㄏㄨㄚ}中^{ㄓㄨㄥ}有^{ㄧㄡ}話^{ㄏㄨㄚ}，連^{ㄌㄧㄢ}忙^{ㄇㄤ}問^{ㄨㄣ}

放大鏡

＊小朋友，請你想一想，西漢歷經皇帝失權、權臣擅政的教訓，如果你是漢光武帝，將如何中興漢朝呢？下面我列舉兩項光武帝的施政措施給你參考，看看你是不是也這樣想？

1. 政治上中央集權：由於西漢高祖曾分封跟隨他打天下的功臣任官執政，竟造成西漢末年皇權淪喪，因此東漢光武帝上任的第一件要事便是集權中央，確保政權統一，他雖也分封跟隨他南北征戰有功的大將，但是這些功臣並沒有實權，這是為了避免功臣們恃功擅權；另外，光武帝也盡量限制「三公」（地位僅次於皇帝的司徒、太尉、御史大夫之總稱）的權力，一面藉由自己挑選「三公」人選，以掌握政權，一面將實際權力轉移到「尚書臺」，避免「三公」地位太高；對於地方政權，光武帝更一口氣裁併十多個郡國，減少了大量的官吏。種種措施都是為了將指揮權集中在中央以及皇帝手中，避免重蹈西漢為外戚要臣王莽篡位之覆轍。

2. 吏治管理與休養生息：由於光武帝為出身民間、艱苦創業的開國皇帝，因此他本性節儉，對民間生活和社會實情都有相當的了解。對於地方官吏，他十分重視監察工作，希望各級官吏都不要耽於逸樂，忽略服務人民的重責大任，而他自己更擔負起身教的角色，例如：取消皇宮中管理園林名池的官員，廢除皇帝帶領大批隨從出外狩獵的舊規，以及親手批閱地方官員的文書等等，這樣以身作則的行為，讓東漢建國初年的許多官吏勤於政事。此外，對於老百姓的生活，光武帝以減輕賦稅、減免刑罰、倡行公田等制度希望恢復民力，獎勵生產，與民休息。

小朋友，光武帝這樣的作法，你是不是也想到了呢？如果你是光武帝初年的老百姓，是不是會感到幸福與安心呢？

道：「為什麼不說『你們』，順彬沒有通過這道題嗎？」博士緩緩的說：「妳猜對了，由於綠色是彩虹的中央，題目也將進入另一階段。正如妳發現題目不如前三題容易，順彬也一樣，他正在使用求救，但我想他會順利過關的！請妳放心喝茶吧！」

說著說著，遠方白絨絨的雲捧著一碗茶飄過來，芸霈伸手將茶接過來，雲又慢慢飄遠，一切就像夢境。

「咦！這茶具很特別，幾乎跟我吃飯用的碗一樣大，不是應該是杯子的形狀嗎？」芸霈一接過這碗茶，立刻發現它的不同之處。

博士發出開懷的笑聲說：「是的，由於我們這次的時空旅行主題是『尋訪班固之旅』，因此一切以東漢為背景。妳所捧的茶碗，就是我們仿製東漢時的陶茶

碗＊，若是妳有機會到東漢一遊，相信很容易就可以看見正品！」

芸霈小心翼翼的捧起茶碗仔細觀察，發現它約略比現代的陶器還重一些，摸起來不如現代陶器光滑，但很結實樸素，裝著茶水有一種特殊的香味，「真是很難想像東漢人用這麼特別的茶杯喝茶，我一定要去瞧一瞧！」芸霈啜了一口茶，滿心期待的對博士說：「謝謝你的招待，我會加油的！」

「好！那麼請繼續前往下一道題吧！」

放大鏡

＊陶茶碗　是一種泥質的灰釉陶器，燒造於東漢時代。其圓弧形的碗槽，開口很大，底座很短，就像我們現代可見的飯碗。並且，茶碗的碗面沒有任何刻畫及裝飾，只有一些製作時留在上面的自然弧紋，形成極為樸實的藝術美感。雖然東漢時的陶茶碗仍是食器和飲器混用的，也就是說，既可以用於吃飯，亦可以用於喝茶，不像現代將茶杯獨立出來作茶具使用，吃飯則有飯碗，但是陶茶碗一面代表著東漢飲茶文化已獲得初步發展，一面顯示出東漢的工藝技術特色，卻是不可否認的事實喔！

　　話才說完，藍色題目緩緩浮現：「請選出下列哪一項器具或食物不是東漢時代可以看到的？第一，四腳椅子；第二，豆腐；第三，陶茶碗。」

　　芸霈不安的搔搔頭，想著：「電視上《三國演義》影集裡的人物，幾乎是席地而坐的，因此三國時代應該還沒有椅子，更何況是東漢……。」芸霈再次感到焦慮，完全沒有頭緒答題。她似乎顯得慌張了，默默重複歷史博士剛剛的話：「綠色是彩虹的中央，題目也將進入另一階段……這題的答案，到底是什麼呢？」

　　「需要求救嗎？」博士關懷的聲音出現在耳際，芸霈如獲救星般，膽怯的說：「我沒有十足的把握，又怕浪費求救機會，還有兩道難題啊……。」

　　博士說：「請相信自己的選擇，像緹縈一樣勇往直前。」

一提起緹縈，電影鮮明的形象立刻浮出腦海，芸霈像補充了能量一樣，逐漸釋放焦慮，靜下心來，慢慢的捧高掌心中的陶茶碗，啜了一口，嘴裡綻放著茶葉的芬芳，她如獲至寶般說：「答案是『四腳椅子』。」瞬時，藍色的階梯慢慢浮起，接著是靛色的題目。芸霈露出輕鬆自在的笑容，拿起陶茶碗說：「謝謝，原來你是我的救星呀！」

「請問，東漢時代漢人的衣著應為下列哪一個圖？」

芸霈看出圖示上的服飾有左衽及右衽的差別，她想起《論語》上孔子說：「微管仲，吾其披髮左衽矣！」於是自信的選了右衽＊的圖。

很快的，紫色題目出現：「請說出三皇五帝到東漢的朝代順序。」

芸霈謹慎的說：「三皇、五

帝、夏、商、周、秦、西漢、新莽、東漢。」

回答完題目，芸霈踩上紫色階梯，眼前頓時出現一片白茫茫的原野，春衣姐和劉博士緩緩飛近，芸霈也如釋重負的張開翅膀向他們飛去。她覺得這一切充滿了奇幻，令人不敢相信，尤其是自己竟能順利通過考驗，取得時空旅行的資格。芸霈一邊感到高興，一邊也感到慚愧，她深知自己剛剛答題時心裡的不安及壓迫感，正是因為自己對東漢歷史的不熟悉，「如果能去東漢一遊，我的印象一定會很深刻，不會像闖關時，老是在死記的知識裡尋找答案！」即使闖關成功，芸霈顯

*衽　袍衣的大襟叫「衽」。根據民族習俗，漢人衣襟都向右掩，胡人衣襟向左掩，如孔子讚嘆齊桓公的霸業時曾說：「微管仲，吾其披髮左衽矣！（沒有管仲，我們大概要披散著頭髮，穿左衽的衣服，受異族的統治了！）」這就是漢族穿衣右衽的最好證據。

然對自己的表現不是很滿意。不知不覺，她已經飛到春衣姐及劉博士身邊。

劉博士解讀出芸霈的想法，馬上接腔說：「那麼，我們現在就動身吧！」

芸霈疑惑的問：「順彬呢？」

這時平易可人的春衣姐卻露出頑皮的笑容說：「他呀！還在為取得通關資格而奮鬥呢！我們先出發，歷史博士會幫助他找到我們的。但是，如果他超過答題時間而尚未作答，恐怕就沒機會嘍！」

「真的嗎？他可能會被取消資格啊？答題時間很充裕呀！」芸霈著急的問。

春衣姐又淘氣的說：「看來你們同學間的感情還不錯呀！我以為像他這樣沒有禮貌的小男生，一定很惹人厭的！老實說，剛剛你們作答時，我們也都很緊張的

偷看呢！現在我也讓妳瞧一瞧，『撥雲見日機』！」

　　說時遲那時快，腳下白茫茫的雲一下子變成透明，順彬就站在綠色階梯上。芸霈不小心笑出聲來，轉頭問春衣姐:「他手上是不是也有陶茶碗？」

　　劉博士回答:「當然有！這個闖關要求個別作答的原因就是要達到絕對的公平，妳和順彬所接受的資訊完全一樣。但順彬在綠色題目已經用過求救，現在他僅能靠自己的所知與所見去推理。妳可以告訴我們，妳是如何推理的嗎？」

　　芸霈聽到劉博士的問話，臉上一陣紅，害羞的說:「我只是突然想起歷史博士的介紹，他說我手上的陶茶碗是東漢的仿製品，於是我先用『刪去法』去掉陶茶碗的選項；雖然我不是很能確定豆腐何時出現在中國人的飲食文

化裡，但是，我確定椅子在三國時代尚未出現，照理來說，年代更早的漢代絕對不會有椅子出現才是，所以，我推測答案應該是『四腳椅子』。」＊

春衣姐笑著說：「沒錯，只要妳善用妳能掌握的知識，就能夠通過考驗的，不是嗎？順彬只要能低頭看看自己手中捧的茶碗，一定也能順利過關的！我們精靈

放大鏡

＊正如芸霈所推理，答案是「椅子」。然而，「豆腐」和「椅子」究竟是從何時開始才有的呢？

「豆腐」相傳是東漢淮南王劉安所製，由於劉安的母親十分喜歡吃黃豆，有一天母親生了病，劉安為了讓臥病在床的母親能順利進食，於是將黃豆磨成粉，加水熬成湯，以便母親飲用，又怕母親食之無味，於是加入鹽作為調味，沒想到豆乳竟可以凝結成塊，於是豆腐的雛形就此產生。

而「椅子」大概要到了魏晉南北朝時期（西元 220～588 年），才出現一點雛形。在敦煌石窟的壁畫中，我們可以見到兩旁有扶手，背後有靠背的椅子，這是中國古代最早可見的椅子形象，因此，我們可以確定東漢時期尚無椅子。東漢時代有一種類似「椅子」的東西，叫作「坐具」，相傳是西北游牧民族可隨身攜帶的折疊式椅子。但是「坐具」並沒有四隻腳，只是一種可以讓人坐下來墊高的東西而已。所以，唯有「四腳椅子」在東漢是看不到的！

族相信，通過歷史博士的測驗，便可以體會出處處留心皆學問的道理，以便篩選出適合旅行的人選。時空旅行者若能隨時留意身邊的人、事、物，便能獲得更多收穫！」

芸霈同意的點點頭，心裡暗暗幫順彬祈禱。這時春衣姐摘下他們三人的翅膀，並囑咐芸霈換上漢代服飾。芸霈一看，果然是右衽的，又回想起靛色的題目。春衣姐及劉博士正忙著打理行囊，一段通往東漢的旅程就要展開。

3 西漢觀景窗

　　芸霈隨著春衣姐和劉博士來到一輛古色古香的馬車旁，春衣姐告訴芸霈：「這輛馬車是彩虹宮根據漢代出土文物打造而成的，形制、配件完全依照歷史史實。彩虹宮已經成功打造出許多朝代的馬車，一般都作為得到彩虹通行證的禮物，讓通行者可以一步步熟悉那個時代的文化。」

　　劉博士更補充說：「關於這輛馬車的演進，也有一段小小的歷史轉折。在漢武帝以前，『獨輈車』與『雙轅車』並存；而武帝以後，『雙轅車』才開始逐漸普及；東漢以後，『雙轅車』基本上取代了『獨輈車』。所謂『獨輈車』指的是只有一副車轅＊的馬車，其他各部位與我們目前考古所見的馬車大致相同，有兩個

輪子，以及方形車箱，可以駕駛兩匹或四匹馬；而『雙轅車』的結構，除轅變為兩根外，其他各部位都與『獨輈車』基本相同，並且，經過改良的『雙轅車』，只需一匹馬就可以駕駛，使得馬車的駕馭大大簡化，也更加容易上手。『雙轅車』的製造可以說是車輛製造史上的一次革命。」

劉博士停頓了一下繼續說：「值得提醒的是，不論『獨輈車』或『雙轅車』，古代車子的主要功能都用於平時出行代步、運轉貨物，以及戰爭時作為乘載、戰鬥工具，直至近代，馬車的結構和用途幾乎未再發生大改變！由此可見，東漢在交通史上，占了重要的轉折性地位！」

「對了，還有一個很重要的補充，在古代，乘坐馬車的人，

放大鏡

＊轅　大車前面用以套駕牽引車輛的兩條直木。

通常代表地位不凡，為了顯示乘坐者地位的差別，馬車通常也會作不同的裝飾，例如：東漢太尉或諸侯乘坐的馬車，兩旁就會有皮製的軟席，作為障蔽。這輛馬車就是如此，妳注意到了嗎？」

芸霈在劉博士的解說中，仔細觀察自己即將乘坐的馬車。劉博士繼續說著：「平民在日常生活中，大部分都是沒有馬車可以代步的！因此，歷史博士致贈這輛馬車，不僅可以加速我們穿越時空的速度，也象徵我們被賦予不平凡的地位。」

「那麼，我們不是以平民的身分進入東漢的嘍？」芸霈聽完解說後，好奇的詢問。

「妳覺得怎樣的身分適合訪問班固，甚至比較貼近東漢人民的生活呢？」春衣姐拋出一個問題，卻沒有留給芸霈回答的時間，立刻接著說：「其實，我們打

算以平民的身分進入東漢的時空。妳可以假設自己是從遠方赴京去旅行，或者探訪朋友的人，我認為民間百態往往才是一個時代的精神所在。提醒妳，由於我們必須假裝自己是東漢人，所以一定要先對東漢有基本的認識，使東漢人一看到妳，不但不感到懷疑，也願意和妳親近、溝通，這樣一來妳的收穫會很多喔！」

「那麼，這輛馬車怎麼辦？」芸霈不解的問。

「這輛馬車在進入東漢後，會逐漸由彩色轉為透明，像彩虹逐漸在天空中消失一般，既不會打擾東漢人民的生活，也可以讓我們看見東漢人的食衣住行，兩全其美。而我和劉博士具有召喚它的能力，當我們需要它時，它就會立即出現。在進入東漢以前，我們最好也稍微了解西漢的時代背景，因此，當我們穿越西

漢時空時，可以輕輕掀開馬車的皮席，窺探外面的世界。不用擔心我們的臉露出窗外時會被西漢人發現，因為我們也將隨著馬車的顏色而呈現透明狀，神奇吧！」春衣姐一邊撫摸著馬匹的鬃毛，一邊興奮的說。

「雖然我也覺得以平民的身分認識東漢最恰當，但是沒機會到皇宮裡繞一繞，覺得很可惜耶！」芸霈低聲嘆息著。

春衣姐詭異的笑了笑，不發一語，劉博士則催促著大家趕快上車。芸霈顯得精神恍惚，不知是神遊著漢朝宮殿，還是因為經歷了彩虹宮闖關的驚險，讓她在乘坐馬車時，忍不住一路打盹，不久便闔上眼睛，進入深沉的夢鄉。在馬匹行走的規則韻律中，芸霈覺得非常平穩而安心，「叩嘍！叩嘍！」的馬蹄聲就像是前進夢想的一串響鈴，芸霈連作夢都

帶著淺淺的微笑，沒有人知道她夢見了什麼……。

不知過了多久，熟悉的馬蹄聲漸漸消失，芸霈慌張的從夢中驚醒，看見春衣姐及劉博士正在專心的閱讀。這時她忍不住問：「我們到哪裡了？」

「在尋訪班固的途中啊！看妳睡得那麼熟，不忍心吵醒妳。馬上就要進入西漢時代，到時候妳可以盡情的往窗外看，感受一下西漢真實的生活情況。」春衣姐細心的提醒。

「真是迫不及待！」芸霈在心裡吶喊著。

不一會兒，馬車簾子外果然出現稀稀疏疏的人聲。芸霈伶俐的拉開簾幕，窗外出現了人來人往的街道，男男女女都衣著樸素，有的正在和商家討價還價，有的則是暢快的聚在一起聊天，還有熱情的攤販，大呼小叫的作

著生意。「除了口音及衣著外，他們的習慣好像和我們差不多嘛！」芸霈興奮的報告她的所見。

「這麼快就下結論了嗎？西漢建立於西元前三世紀，距今大約兩千兩百多年＊，歷經兩千多年的發展，照理說應該會產生很多不同處，不是嗎？」春衣姐再度細心的提醒著芸霈，「考考妳，我們現在的時間位置是西漢最興盛的時刻，空間位置是西漢的首都，妳知道自己所處的時空嗎？」

芸霈滿懷信心的說：「我們現在在西漢盛世漢武帝時代，地點是長安。」

春衣姐開心的說：「看來這趟旅行，妳已經做好萬全的準備功

放大鏡
＊西漢起迄年代：西元前 202 年到西元 8 年；東漢時代：西元 25 年到 220 年。中間則經歷短暫的新莽時代：西元 9 年到 23 年。這裡說西漢時代距離現代約兩千多年，現在你知道如何推算了嗎？

課了！西漢建都於長安，東漢則建都於洛陽；漢武帝是西漢時代的象徵人物，妳推理得很正確。影響班固父親班彪創作《史記後傳》的大作家司馬遷，就是在窗外繁華興盛的時代背景下，寫出《史記》一書的。《史記》雖然是司馬遷個人對時代的觀察，但卻成為中國第一本貫穿古今的史書，成為我們了解黃帝時代到漢武帝時的重要書籍。妳看，這個時代的人們充滿旺盛的生命力，這種時代精神，不但促使司馬遷寫出這樣一本鉅作，也影響到班彪、班固對於《漢書》的創作，妳得好好觀察喔！」

芸霈再度往車外看，男男女女個個帶著微笑，顯得無憂無慮、熱情奔放，而攤販上所賣的東西更是琳琅滿目，有各種鮮嫩欲滴的水果及蔬菜。「桃子、李子、棗子、栗子……，還有好多

我不太認識的蔬果及工藝品呢！」芸霈驚嘆道。

劉博士說：「先帶妳認識一下西漢的水果。桃、李、棗、梨、山楂、桑椹等水果名稱，早在先秦典籍中就已經出現。其中《詩經》『投桃報李』*的典故，應該是妳所熟悉的！這些其實都是中國北方原有的溫帶水果，所以在西漢也很常見。隨著南方也逐漸納入中國文化圈，許多原產於南方的水果也漸漸傳到北方，例如：橘、柚、柑、荔枝、枇杷、楊梅等等。這些水果的來源，除了中國南方原有的物種之外，有些則來自南洋地區。最有名的莫過於荔枝了，因為荔枝相傳是唐朝楊貴妃最愛吃的水果，但其實早在漢代就已經傳入中原了。荔枝的來源有兩種傳說：第一，漢武帝破南越時所傳入的；第二，南越王趙佗進獻給漢高祖的。不

管哪一種說法都可以發現，荔枝是一種由南方傳來的水果，由於路途遙遠，所以一般視為珍果。漢朝就曾經以荔枝、橘子、龍眼等北方不常見的水果贈送給匈奴！而枇杷也是南方的水果，因為產量不多，所以也十分珍貴，常與荔枝並稱，在司馬相如*的

放大鏡

***投桃報李** 這句成語的典故出於《詩經》。《詩經》中有一篇文章叫作〈抑〉，其中有「投我以桃，報之以李」兩句。這兩句詩的大意是說：別人以桃子贈送我，我將以李子回贈給他。後來就用來比喻朋友之間互相贈答、禮尚往來的情況。由此可知，至少在《詩經》時代，桃子與李子就已經出現在人民的日常生活中，成為朋友間相互贈送的物品之一！

***司馬相如**（西元前 179 年左右～前 117 年）字長卿，四川成都人，漢時文學家。漢代文壇上最流行的創作體裁是漢賦，司馬相如就是漢代著名的辭賦家之一，他幾篇有名的賦作例如：〈子虛賦〉、〈上林賦〉和〈長門賦〉等，都可以反映出漢代繁榮富裕的生活狀況。〈上林賦〉中除了記載了枇杷、荔枝兩種水果，另外也提到黃柑、柚子、柿子、山梨、楊梅、櫻桃、葡萄等水果。是不是很意外兩千多年前的西漢時代，就有這麼多豐富的物產呢？

由於司馬相如是個非常有名的作家，所以司馬遷的《史記》以及班固的《漢書》都為他作傳。關於他的小故事也相當多，例如他與卓文君相愛的浪漫故事，不知道讓多少男男女女為之傾倒；另外他善於彈琴，他的「綠綺琴」，就是傳說中最優秀的琴之一，可見司馬相如是琴、棋、書、畫樣樣精通的全方位文學家！

〈上林賦〉中就有對這兩種水果的描寫。不只水果，西域蔬菜的傳入，也豐富了中國原有的食物。這樣的現象和大漢帝國國力強盛有很大的關係。請妳想一想，西漢從文景之治到漢武帝時代，國土疆域十分遼闊，甚至延伸到中亞地區，這是誰的功勞呢？」

「應該是張騫通西域！」芸霈一回答完，便目不轉睛的盯著劉博士，露出強烈的求知欲。

「沒錯！張騫通西域不僅幫助中國版圖的擴張，也引進許多西域的蔬果，例如：葡萄、胡瓜等等。說到這裡，妳可知道班固的先人在西漢時，是邊地的富豪，和西域文化有很深的關係嗎？」劉博士對中國文化簡直如數家珍。

「真的嗎？班固不是中原的人嗎？否則怎麼會有這麼深厚的

學術素養呢?」芸霈吃驚的大呼。

　　「那我們必須從班家的先人開始說起嘍!」春衣一姐悄悄加入他們的討論，馬車繼續往前行駛。

話說班氏遠祖

「班固的遠祖可以追溯到春秋時代的楚國人若敖，若敖對楚國疆域的開拓很有貢獻，他娶了鄖國的女子，生下鬥伯比。若敖死後，鬥伯比隨母親回到鄖地，愛上了當地女子，並生下子文。由於鬥伯比和鄖地之女的愛情沒有經過父母允許，所以子文小時候的命運很坎坷！」春衣姐說到這裡顯得萬般心疼，語氣都有一點哽咽了。

「子文究竟有怎樣的遭遇啊？」芸霈著急的追問。

「子文一生下來，就被丟棄在楚國大雲湖的湖澤邊，任其自生自滅。沒想到楚澤邊的老虎不但沒有傷害子文，反而用乳汁餵養他。恰好外出的鄖女之父看見了這情形，吃驚的將這件事告訴

家人。這時子文的母親因為想念自己的小孩，終於將自己與鬥伯比的事情說出來，鄖女的父母知道後，見子文福大命大，氣象不凡，於是答應女兒將小孩抱回家撫養，並且與鬥伯比成親。子文長大之後成了楚國的「令尹」，不僅在治理楚國內政方面政績突出，並且表現出高尚的道德情操。孔子就曾以『忠』、『義』等字來讚美他，可見子文在春秋時期多麼受到稱譽＊。」

放大鏡

＊在《論語・公冶長》中，子張問孔子：「令尹子文三仕為令尹，無喜色；三已之，無慍色。舊令尹之政，並告新令尹，如何？」孔子回答說：「忠矣。」

整段話是說，子張問孔子：「子文三次出任為『令尹』，臉上沒有露出喜悅的表情；三次下任，也沒有露出不愉快的神情，並且把任職時應該注意的事項，毫無保留的告訴新來的官員，這樣的人，您認為是個怎樣的人呢？」孔子回答說：「是一個盡忠職守的人。」

由《論語》這段話的記載可以知道，子文不是為了自己而當官，而是為了天下老百姓的福祉而當官，所以當被任命時，沒有特別感到開心，反而升起一股強烈的責任感；當他下臺時也不難過，反而希望下一任能做得更好，盡力為百姓服務，所以無私的將自己的所知，全部交付給下一任官員。

「哇！就我所知，孔子從不輕易讚美別人，子文能得到孔子這樣的稱讚，真的很不容易！」芸霈聽到這裡，忍不住為子文喝采。

「妳說得沒錯，子文的確是一個值得讚美的人。但是，妳知道子文還有另一個有趣的名字嗎？」劉博士賣著關子說。

芸霈不得其解的看著劉博士，於是他繼續說：「當時楚人對『老虎』有許多稱呼，有的叫『於檡』，有的稱『班』或『於菟』＊，而老虎用來餵養子文的乳汁則稱為『穀』，因此，子文又叫作『穀於菟』，就是『被老虎以乳汁哺育』的意思。」

芸霈露出恍然大悟的表情。這時春衣姐接著說：「不僅子文的別名和老虎有關，他的兒子取名為鬥班，『班』字大概也是為了紀念老虎對子文一家人的貢獻

吧！鬥班後來也當上了楚國令尹，而鬥班的兒子叫作克黃，也是一個盡忠職守的楚國官員。子文這一脈的班氏遠祖，可以說是模範祖先，不僅對楚國政治具有貢獻，其德行修養也為後人所讚賞！」

「這一脈？難道子文還有其他兄弟嗎？」芸霈機靈的問。

劉博士摸摸芸霈的頭說：「果然專心聽講。子文還有一個在楚

放大鏡

＊老虎自古以來有許多別稱，根據《左傳》記載：「楚人謂乳穀，謂虎於菟」，這段話是說：楚地的人把乳汁叫作「穀」，把老虎叫作「於菟」。其實不只楚人，古代中國人對老虎的稱呼也很新奇、多樣喔！

例如：大家熟悉的「武松打虎」，出自於《水滸傳》一書，在這本書中，就把老虎稱為「大蟲」。另外，還有許多老虎的別稱，是由於老虎身上的紋路而來的，例如稱老虎為「文虎」，是因為老虎身上黃黑相間的紋路，而古代「文」字和「紋」字相通；稱為「雕虎」則是認為紋路像是雕刻出來的，不是長出來的；又有「斑子」、「斑奴」的稱呼，都是因為老虎的斑紋而得名。

這麼多的稱呼，是不是讓你看得頭昏眼花？其實仔細想一想，古人對老虎的別稱，大多是由一張虎皮所延伸出來的，這樣針對特色取暱稱或別稱的方式，和現代人很相像，不是嗎？

國當司馬，負責軍法的兄弟，名叫子良。子良的兒子叫鬥椒，是一個貪圖權貴的人，他曾經陰謀奪取楚國政權，引發一場政治風暴，幸虧楚王及早發現，所以鬥椒的叛變並沒有成功，便被處死了。當時子文的孫子克黃，正好完成楚王交付的任務——出使齊國，在回國途中，得知鬥椒叛亂而被殺的消息，隨行的許多人都紛紛勸阻克黃不要回國，以免受到牽連而送命。但是既忠厚又勇敢的克黃，不但立即回國向楚王稟報自己完成任務，並且因為自己與鬥椒有親屬關係，而主動向官府請罪。英明的楚王深知子文一家人對楚國的貢獻，相信克黃和鬥椒的叛亂並無關連，所以命令克黃繼續擔任原來的職務。」

「這一段歷史由於年代久遠，所以追溯起來很不容易，我們大概只能說子文、鬥班、克黃

祖孫幾人，都具有忠於職守的優良品德，對班氏後人有很大的影響。」春衣姐替劉博士的解說下了很好的註腳。

劉博士似乎解說得很起勁，滔滔不絕的說：「沒錯，班氏的楚地始祖就是若敖、鬬伯比、子文、鬬班、克黃等。到了春秋戰國末年，秦王為了統一六國而大舉發動戰爭，這樣的時代背景對班氏遠祖也產生深遠的影響。芸霈，妳試著想一想，如果妳的家鄉也遭受戰爭的威脅，或者妳就是子文的家中一員，妳如何帶領家人躲避戰爭，維持家族安全、承續家族血脈呢？」

當芸霈還在搔頭苦思時，馬車旁卻聽見順彬急促的聲音：「唉呀！我來遲了，請停下馬車，讓我一起參加！」芸霈以為自己想問題想得頭昏腦脹，出現幻聽。只見春衣姐揮手一指，車子立刻停

了下來，順彬興沖沖的出現在馬車旁，一鼓作氣爬上馬車，並且爭著回答：「如果是我，我會搬家，把全家遷移到安全、沒有戰爭的地方去！」

劉博士露出愉快的笑容，顯然對順彬的解答很滿意，春衣姐卻藉機來個機會教育說：「小男生一上來就搶著答題，還沒為我們特地停車迎接你而道謝呢！」

順彬害羞的紅著臉，低下頭輕輕的說：「謝謝！我一路孤獨的飛著，一直尋找你們的蹤跡。歷史博士送我『時空收音機』，讓我可以一面飛行，一面接收劉博士及春衣姐的精彩講解。我聽得正過癮，於是一搭上車，就急著作答，真是抱歉……。」

難得看見順彬道歉的模樣，芸霈暗自想著：「在班上順彬總是氣勢凌人，一副自己是小天才、無人能敵的模樣，尤其最愛欺負

女生。這一次順彬在彩虹宮答題輸給了我，相信他應該獲得了一些啟示，再也不會看輕任何人，尤其不會再欺負女生了！」芸需得意的竊笑起來，順彬的臉更加紅了！

春衣姐和善的說:「你能趕上真好，我們也不用一路牽掛！剛剛要求你道謝是嚇唬你的，不過，這段旅程我將充當你的禮貌小老師，不時提醒你注意自己的行為表現。畢竟，我們的目的是採訪班固，一定要注意應有的禮儀啊！」

劉博士也接著說:「很高興順彬的加入，你剛剛回答得很好。當秦國大軍攻破楚國時，子文一族的後人的確遷徙到北方邊境去居住了，這樣可以避免戰爭傷及家人。在北地生活的班氏家族，開始以『班』為姓，祖譜脈絡也比較清楚了！」

　　順彬一聽完劉博士的講解，舉起手來說：「我看過班氏北地始祖的相關資料，可以發言嗎？」

　　「太棒了！」春衣姐及劉博士心想終於可以喘口氣了，然後舒服的靠臥在椅背上，專注的聽著順彬發言。

　　「我知道班氏的七世祖是班壹，他非常用心在經營畜牧業，因此成為邊地大牧主，替班家累積了一些家財；而班壹之子為班孺，是一個行俠仗義的人，當時人稱頌他為『任俠』；至於班孺之子為班長，他曾經擔任上谷郡守，是班家北地祖先最早登上仕途的人；班長之子為班回，擔任過長子一地的縣令，政績也十分卓越；班回之子班況，就是班固的曾祖父，他作過上河農業督尉，掌管農業生產事項，政績突出，在朝廷的官吏考核中，連年都名列前茅。班家的北地始祖有

著積極的生活態度，不但為班家打下良好基礎，也是我效法的對象！」

　　芸霈當然不甘示弱，立刻舉起手來發言：「那麼我從班固的曾祖父說起。班況為班家扶風始祖，育有三子一女，分別是班伯、班斿、班穉及班婕妤，其中班婕妤在西漢成帝初年被選入宮中，非常受到成帝寵幸，班家因此成為皇親貴戚，在當時很有權勢；班伯則是志節慷慨的儒生，不但熟讀經書，而且多次向朝廷自我推薦——出使匈奴，其建立邊功的遠大志向，對班固、班超兄弟有很深的影響；班斿受詔校閱皇家藏書，當時朝廷對國家圖書十分珍視，尤其是歷史類，一般都被視為國家機密，連宗室弟子都不准擁有，但西漢成帝卻把《太史公書》送給班斿＊，這是皇帝對班家最大的恩典和信任；

而班穉則是班固的爺爺，不但具有方正不阿的品格，學問也很好。」

芸霈及順彬皆一口氣講完一大段班氏家族史，雙方忍不住對對方刮目相看，連劉博士都豎起大拇指讚許他們的用功。

春衣姐接著提問:「彩虹宮的最後一道紫色題不是請你們說出三皇五帝到東漢的朝代順序嗎？其實，從西漢到東漢之間，王莽所創立的新莽時代，不僅是漢代政治的一大轉變，更給當時的許

*《漢書・宣元六王傳》記載，漢成帝時東平思王劉宇朝見，並上書請求皇帝賜給他《太史公書》，這樣的要求可以說是史無前例，所以成帝找來當時掌握大權的王鳳商量，王鳳告訴成帝說:「一國之史，記載了國家的許多機密，豈是一個諸侯王所能擁有的！東平王來觀見，應該懂得君臣之義，這樣的要求，簡直是失禮極了！」因此，成帝便回絕掉劉宇的要求。可見當時史書在皇家的心目中，具有特殊的地位，不但不同於一般的書籍，也不准個人私藏！相反的，成帝卻把《太史公書》送給班游，可見班游在成帝心中身分地位的特殊，以及無法取代的信任感。這樣的贈書，就是班家擁有歷史書籍的由來。

多人帶來厄運，那些曾經和王莽交善的人，在新莽政權敗亡後，幾乎都敗下陣來，但是班家卻沒有受到波及，你們知道為什麼嗎？」

芸霈積極的回應：「班伯、班斿、班稺及班婕好生活的時代其實就是西漢末年政局動盪的時候，幸好班氏一家人品格高尚，行事作風也秉持正義的操守。王莽篡位期間，許多人都極力對王莽表示善意，以延續在漢朝的名利、地位，但是班家卻沒有如此做，他們忠厚、不逢迎諂媚的個性，表面上看來，使班家在新莽時代地位下滑不少，但班家卻反而因為這樣耿直的性格而因禍得福。王莽政權敗亡後，班家不但沒有受到任何牽連，而且整個家族都幸運的保全下來。我們可以說，班家方正的品行，拯救了他們在危亂時代的處境。」

劉博士再次露出滿意的微笑說：「你們都作了很完整的準備功課！希望這趟旅行你們都能滿載而歸！馬上就要進入東漢時代，我們可以到洛陽城實地走訪，實際體驗東漢的人文風光了。」

春衣姐補充說道：「攜帶這個『古語翻譯機』，你們可以盡情和東漢人交談，不會受到古今口音轉變的限制，導致溝通不良喔！好了，我們該下車去了。」

芸霈及順彬露出興高采烈的神情，經由劉博士及春衣姐的解說，他們都已經對班氏家族有了一定的了解＊，再加上兩人事先閱讀過漢代資料，下車後顯得神采奕奕、充滿自信……。

「旅程正式開始嘍！」他們四人互相用眼神交換著心裡的興奮。

*讓我們像芸霈及順彬一樣，悄悄在心裡默想著班氏家族的故事吧！下面的「班氏世系表」，就是針對本章文字作一統合，希望加深你對班固祖先的印象：

〔楚地始祖〕

```
                         ┌─子文───────關班───────克黃
若敖────────關伯比───┤ （楚令尹）    （楚令尹）          ……
（楚人）    （楚人）  └─子良───────關椒
```

〔北地始祖〕

```
班壹───────班孺────班長───────班回
（畜牧）              （上谷守）  （長子令）
```

〔扶風始祖〕

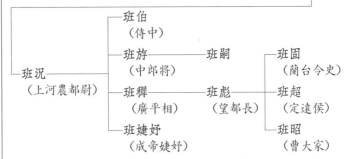

```
              ┌─班伯
              │ （侍中）
              ├─班斿───────班嗣────┬─班固
              │ （中郎將）          │ （蘭台令史）
班況─────┤                      │
（上河農都尉）├─班穉───────班彪────┼─班超
              │ （廣平相）  （望都長）│ （定遠侯）
              └─班婕妤              └─班昭
                （成帝婕妤）            （曹大家）
```

看到這裡，小朋友會不會有疑問：班固楚遠祖為若敖，而他的兒子是關伯比，關伯比的兒子叫子文，子文有一個兄弟叫子良，子良的兒子是關椒……他們既是同一家人，為何會有「父子不同姓」及「兄弟不同姓」的現象呢？

嗯，這個問題可以分為兩個層次來探討：第一，班固的楚地始祖可以推源到周朝，而周朝以前只有貴族才有「姓」，並以官位或者國名為其「氏」，一般人是沒有姓氏的！因此，此時的姓氏並不固定。班氏的遠祖居住於偏遠的楚地，其文化的演進步調又更加緩慢，一直到秦王攻滅楚國，班家祖先遷到北方邊境後，才有了以「班」為姓的傳統；第二，古代命名的方式和現代很不一樣，從「姓」的原始意義來說，它原來是指女性所生的子女，由於中國古代是母系社會，所以從母姓，父系社會發達以後，才改從父姓。「姓」產生以後，通常會世代相傳，「姓」因此成為一個家族共同的稱謂！例如班氏家族從北地始祖班壹開始，才固定以「班」為姓，不再改變！在此之前，則因班家之「姓」尚未出現，所以會出現「父子不同姓」、「兄弟不同姓」的問題！

5

東漢開麥拉！

　　洛陽，東漢王朝的都城，是全國經濟、文化、學術、兵法等交流中心，同時也是當時世界上最繁華的城市之一。放眼望去，可見幾道高聳的城牆，以及寬闊的護城河，堅固又雄偉的將洛陽城圍起來。城外的幾條馬路，也都規劃得整整齊齊，給人井然有序的感覺。陽光下，一隊隊巡邏的士兵因為身上的鎧甲，以及手上的武器，而顯得閃閃發光，在陽光的照耀下，這是洛陽城最威武的時刻！

　　一下車，芸霈立刻感受到東漢的時代氣氛與漢武帝時代大不相同，沒有西漢市集裡熙熙攘攘的人群，以及到處吆喝的小攤販，卻有著平和沉靜的氣息。芸霈覺得東漢的人們比西漢武帝時

代多了點謹慎，每個人都像享受著寧靜的散步一樣，悠閒而莊重，於是她也跟著人群小心翼翼的走著，一面感受東漢特別的城市情調，一面又深怕自己會露出馬腳，一眼就被看穿自己不是東漢人。這時，街旁的小販卻以和善的微笑向她打招呼，她轉頭一看，被那光彩奪目的絲綢所震懾，忘記自己會被揭穿不是東漢人的憂慮，立刻走上前去。

「請問這綢子怎麼賣？」芸霈一開口，果然發現「古語翻譯機」起了效用，她發現自己說出來的話，唯有聲音相同，但發音完全變成東漢人的語音，古典而詭異，她甚至連每個字都有點不認得了！然而為了不引起對方懷疑，芸霈仍然努力強裝鎮定。

「小姐您有興趣，裡面請，我們有種類繁多的布料……」悄悄透過「古語翻譯機」的協助，

芸霈聽見女主人熱心的招呼，春衣姐也適時靠了過來，陪芸霈一起走進布坊中。

春衣姐還用「讀語機」功能，和芸霈不時的用眼神溝通：「東漢染織工藝十分發達，不僅種類多、花樣繁複，手工也細膩，很多是我們現代人望塵莫及的！東漢許慎所著的《說文解字》一書，關於『系』字旁的字，也就是和『絲』相關的字，共有兩百四十多字，可見當時絲織品工業有多麼興盛！」

芸霈在春衣姐悄悄解說，以及布坊老闆娘熱情介紹下，實際觸摸了東漢時代的絲綢，「那綢子放在手上有一種沁涼的觸感，又輕又柔，好舒服！」芸霈忍不住發出讚嘆。

走出布坊，芸霈對漢代多了一分崇敬，那是連現代人都望塵莫及的工藝技術呀！這時劉博士

及順彬滿臉笑意迎面而來，順彬興奮的嚷著：「我和劉博士剛剛在市集上發現一間樂器行，裡面有著各式各樣的樂器，甚至有西漢司馬相如所擁有的『綠綺琴』，只是不知道是真是假？不只如此，店中還有從西域傳來的胡琴，不僅樣式新奇，連名稱也五花八門！老闆一時興來，甚至彈奏了一小段琴曲給我們聽，真是意猶未盡！」

「我和芸霈則是剛看過東漢的絲織品，真是令人嘆為觀止。」春衣姐似乎還流連在美麗的絲綢店，久久尚未回神。

劉博士說:「其實東漢不僅織染工藝令人讚嘆，繪畫、雕刻、冶鑄器具的功力也相當深厚。之前你們在彩虹宮所捧的陶茶碗，也是仿東漢所製的！你們一定還對它簡樸的外型印象深刻吧！現在看過多彩多姿的絲織品，是不

是發現東漢工藝技術真的很豐富多樣，不只是樸實的茶碗而已？」

「沒錯，色彩豔麗的布匹的確讓我印象深刻。」芸霈說。

「古琴給我的印象也很強烈。古人可以將木頭削刻成一座琴具，穿上纖細的琴絃，甚至在木頭上刻一些裝飾花樣，這都和我之前以為的東漢工藝就像陶茶碗般樸素簡單，有很大的差別。」順彬附和著說。

「其實啊，你們所看到的美麗絲織品，以及雕刻精緻的琴具，都不是東漢平民日常所用的。剛剛春衣及芸霈雖然見識到東漢織繡工藝的發達情況，但是這些輕柔美麗的綾羅綢緞，卻僅有富貴人家可以穿戴，一般平民大多還是穿著短衣長褲；更為貧窮的，則穿著粗布做成的短衣，也就是《論語》中勤儉的顏回所穿的『短褐』。雖然平民所穿衣

服的顏色及布料都不如絲綢，但是漢朝婦女卻已經很懂得打扮，有連身長袍、兩件式衣裙等，裙子的樣式及服飾的搭配也都很多樣化。請你們仔細觀察身旁的行人，就可以發現東漢婦女的穿著多麼多彩多姿啊！」劉博士一說完，芸霈、順彬立即目不轉睛的盯著來來往往的路人瞧。

　　「別看得這麼誇張，會露出馬腳的！」春衣姐悄悄用眼神提醒著兩人。

　　劉博士趁他們回神時，繼續往下說：「至於古琴，這可就是古代讀書人修養心性必備的工具了。我們不是常把琴、棋、書、畫並稱嗎？就是因為這四樣東西都是傳統讀書人不可或缺的精神糧食，他們除了讀書、吟詩之外，大多也會培養彈琴、下棋、寫字、作畫等多樣興趣，不僅充實自己的生活，也充實自己的內

涵。就像芸霈從小學鋼琴，而順彬喜歡畫畫一樣，東漢讀書人正是藉著琴、棋、書、畫的薰陶，讓自己成為全方位、多才多藝的讀書人。」

「班固也會彈琴、下棋、畫畫嗎？」芸霈好奇的問。

「班固是一個博學多聞的讀書人，想必也有琴、棋、書、畫的雅興，只是沒有特別流傳關於班固彈琴、弈棋、寫字、繪畫的故事。就我所知，東漢文人參與古琴製作與琴曲創作極多，並且留下許多關於琴的作品，如：琴賦、琴贊、琴論等，可見漢代音樂的發展也逐漸進入成熟的階段。相傳東漢桓譚所寫的《新論》一書中，有一篇名為〈琴道〉，就是關於古琴的專著。根據記載，桓譚並沒有完成整篇文章，而是由班固補寫完成的，可見班固對於古琴應該不陌生！」春

衣姐已經逐漸從美麗的絲綢裡回過神來，替芸需的疑問稍稍做出解答。

逛了一大圈，了解東漢大致的工藝水準與生活情況後，芸需和順彬不約而同的說：「有點熱耶！」

劉博士聽了繼續解說：「剛剛忘記向你們介紹東漢時期的氣候狀況。你們知道嗎？根據歷史記載與科學的推算，中國五千多年的氣候變化中，有四次『溫暖期』和四次『寒冷期』的交替。

「溫暖期時年平均溫度大約比我們現代高出攝氏兩度左右，而最冷月的溫度也約比現在高出三度到五度；而可怕的寒冷期年平均溫度都在攝氏零度以下呢！

「東漢正好位於溫暖期與寒冷期的交界，我們現在正是東漢初年，是一個溫暖期，所以你們當然會覺得有些熱。但是，這樣

的好氣候僅僅維持了幾十年而已，到了東漢末年，寒冷期便會出現。

「由於天氣狀況不好，加上東漢政治也走下坡，不但引起饑荒，連黃巾之亂＊也在這時出現，這些都是促使大漢帝國走向滅亡的因素。」

「幸好我們不用經歷那一段歷史！」順彬僥倖的回應著劉博士的說明。

「你已經經歷了，你的血液裡也流著祖先傳承下來的血脈呀！我們的祖先就是這樣生活過來的！現在的你們，先好好享受東漢的富裕安樂吧！」春衣姐提出自己的見解。

放大鏡

＊**黃巾之亂** 東漢末年，政治黑暗，人心不安，鉅鹿人張角創立太平道，信徒達數十萬。他們打著「蒼天已死，黃天當立，歲在甲子，天下大吉」的口號，宣揚太平道將取代漢朝，在東漢靈帝中平元年（西元 186 年）開始大規模的作亂，因參加的人都在頭上裹著黃巾，以為標幟，所以稱為「黃巾之亂」。

　　聽了春衣姐的話，芸需和順彬似乎感受到自己的脈搏輕微的跳動著，這跳動是現代人的血液，同時也是古人的。

6 歷史 VCR

　　當芸霈和順彬仍意猶未盡的逛著街，和路人攀談，享受著東漢的人情風光時，天空中突然出現一隻盤旋不去的彩虹鸚鵡。劉博士立即會意過來，便將鸚鵡引至街角，果然是彩虹宮歷史博士派來的。

　　「實地走訪東漢洛陽，了解東漢社會、經濟情況後，歷史博士請你們先欣賞這一份由『歷史攝影機』所拍攝下來的真實歷史故事，以便進一步了解班固的家世背景，順利完成採訪的任務。」彩虹鸚鵡字正腔圓的說。

　　劉博士從鸚鵡腳上取下影帶及錄放影機，連聲向鸚鵡致謝，並請鸚鵡向歷史博士問好，牠才振翅離開。

　　春衣姐這時也迅速將芸霈及

順彬引領至街角。

芸霈好奇的問:「不能再逛了嗎?」

劉博士說:「彩虹宮歷史博士捎來消息,希望幫助我們利用最短的時間認識班固,以及無法透過逛洛陽城所獲知的東漢政治情況。由於我們最終的目的就是採訪班固先生,所以,一定要對他這個人、他的家庭,以及他所處的時代背景有一定程度的了解!」

「怎麼捎來消息的呢?」順彬左探右看,就是看不見任何人。

春衣姐笑著說:「是一隻彩虹鸚鵡。在你們和東漢老百姓的眼裡,牠是透明的、看不到的,只有我和劉博士擁有『複眼機』,可以恢復牠的色彩,一眼就能夠辨識出來。這是為了避免干擾東漢人民的生活而特別設計的,現在牠已經飛走嘍!」

聽完春衣姐的話,順彬才停

止搜尋的動作，心中隱隱有一股失落，想著：「彩虹鸚鵡到底長什麼樣子呀？精靈族真的有很多『整人把戲』耶！」

芸霈適時的用「讀語機」告訴順彬：「什麼『整人把戲』，你太瞧不起精靈族了！」順彬立刻想起自己前不久在電影院門口，正是這樣大言不慚的對芸霈說話，不知不覺又脹紅了臉。

「我們找一家客棧過夜，利用休息時間一起來看歷史博士剪輯的 VCR。」劉博士正經八百的提議著，似乎不想參與順彬與芸霈的眼神溝通。

春衣姐適時的加入順彬及芸霈的對談：「別說精靈族有很多『整人把戲』，人類也是呀！你們無法完全使用精靈族的工具，我們也無法完全掌握人類的發明，這是一樣的！只要不要把發明帶往毀滅地球、破壞人際和諧

的路途，所有的發明才有意義，而不只是一種『把戲』，不是嗎？」

順彬紅著臉，點了點頭。

春衣姐又說：「我們找間客棧落腳吧！走了一下午，我的腳有點痠了呢！」

聽完春衣姐的提議，芸霈這才發現自己的腳也麻麻痠痠的，是該休息的警訊了。

在客棧裡，一行人終於可以歇歇腳。春衣姐忙著用「光速書寫機」將白天的經歷傳送給彩虹宮的歷史博士，以供檔案儲存，劉博士則忙著準備收看歷史 VCR 的場地及器具，芸霈和順彬兩人輕鬆愜意的享受著客棧的各類飲食。令他們雀躍的是，他們手中都捧著東漢赫赫有名的陶茶碗，桌案＊上還有一道蒸豆腐，吃起來的口感比較粗糙，和現代豆腐滑滑嫩嫩的感覺很不一樣，但別

有一番滋味。

「真是不虛此行了！」他們一邊用眼神示意著，一邊閒適的飲茶談天。

這時，芸霈耳邊出現一個陌生男性的聲音，帶著市坊的口音。春衣姐不知何時回到桌案旁，提醒兩人：「快拿出『古語翻譯機』，選擇你們最舒服的臥姿，歷史 VCR 要開始播放嘍！對了，附贈你們『人物辨識器』。」

「臥姿？」

「辨識器？」

順彬、芸霈話還沒問完，便發現房間的壁面開始向外擴張，逐漸變成圓弧形，把他們四人包裹在裡面。芸霈有點不知所措，

放大鏡

＊**桌案** 中國古代的家具發展，都是由低而高的。例如前面提過的椅子，由椅墊式的坐具，慢慢變成四腳的椅子，而桌子也在東漢時代出現，只是不像現代這樣高，為了配合古人坐下來的高度，大概僅到站起來及膝的地方而已。所以這裡稱「桌案」，是為了和現代的桌子作區別而稱。

擔心的望向春衣姐，卻發現春衣姐及劉博士已經舒服的躺臥在圓弧底兩側，雙手交叉，置於頭顱下方，一派悠閒自得的等待 VCR 的出現。芸霈覺得這場景好像現代化科博館的太空劇場，人們坐在圓弧底部，舒服的抬頭觀賞影片。唯一不同的是，精靈族的太空劇場是躺臥著的，更加舒適自在了！

說時遲，那時快，VCR 出現在圓弧頂端：

王莽在房間裡來回踱步，心裡似乎有千百個焦躁不安。一個穿著鎧甲的小兵匆忙的跑進屋內報告：「不好了，我軍潰敗，恐怕……恐怕……。」

王莽抬起頭，不發一語，搖搖手將小兵打發了出去，一個人回到桌案前坐下，眼神裡有無比的憂愁。

　　畫面轉到班固的家。班固的父親班彪此時坐在桌案前，拿著筆桿埋首書寫〈王命論〉。這時牙牙學語的班固從房間門口跌跌撞撞的前進著，一邊嚷著：「爹，讓我玩，讓我玩……」

　　班固的母親跟在班固身邊，連忙制止他：「固兒，不要打擾你爹，我們出去外面玩！」

　　班彪笑了笑，好奇的問班固：「這可不是玩遊戲，你的意思是你想要幫我寫嗎？」

　　班固稚嫩的臉龐上，出現一副喜悅的笑容，天真無邪的回答著：「想！」

　　班彪摸摸班固的小頭顱，放下筆，將班固抱坐在自己腿上，臉上浮現既愉快又落寞的神情說：「你不懂的，書寫是多麼偉大又沉重的事！」班固的母親露出理解的表情，深深的看了丈夫一眼後，轉身走出書房，讓班彪父子

好好獨處。

班固聽著父親的話，似懂非懂的眨眨眼睛，嘴裡還一直嚷著：「想呀！想呀！」

班彪帶著關愛的眼神，開始訴說他的〈王命論〉。「既然你這麼有心想幫我寫，那麼，我先告訴你一些故事，或許你會更有興趣也不一定！你知道，王莽雖然奪走漢朝政權，但是他在位時間並不長，因此，老百姓的生活習慣，以及社會的經濟基礎，都沒有受到王莽執政的影響而產生巨大的改變。我們可以說，王莽篡位後的混亂局勢，只限於統治階層的權力轉移，絕大多數的老百姓還是深信劉氏是國家的真命天子，這真是不幸中的大幸啊！現在，王莽終於兵敗了，然而漢朝卻尚未正式奪回大權，這時最需要有人出來宣揚大多數老百姓的心聲，藉以助劉氏天子一臂之

力！我寫這篇文章，就是這個目的。而且，為了打垮王莽用圖識＊等迷信說法建立政權的方式，我也要模仿這種方式，將天子的地位重新歸於劉秀身上，希望幫助大漢天子盡快奪回政權，恢復社會的安定及富裕！」

班彪語重心長的說完，懷裡的班固也專注的聽著。那神情，一點都不像牙牙學語的小孩，而像是體貼懂事、處處幫父親分勞解憂的小大人。

班彪似乎也意識到班固的眼神裡流露著早熟與自信，忍不住將心裡的話，一股腦說了出來：「將來，我還想寫一本書，內容是關於漢朝的歷史。我要發揚大漢的威武，讓後代子孫也能了解漢朝的偉大！固兒，你知道嗎？其實我國的史書著作，具有十分優良的傳統＊，實在不應該斷絕。雖然司馬遷的《史記》已經

繼承了這項歷史傳統，也寫得很不錯，但是《史記》一書的內容，並不全然令我滿意。我每每想到司馬遷在受刑中，還能寫下這樣一部貫通古今的大著作，便覺得大受感動。將來，我一定要學習司馬遷寫《史記》的精神，

放大鏡

＊圖讖　所謂「讖」，其實是一種預卜吉凶的文字，因為有時也附有圖案，所以稱為「圖讖」，類似於我們現在到廟裡可以見到的「籤」、「符」……等等。「圖讖之學」的興起是在西漢時代，漢代統治者為了加強自己的統治地位，便利用圖讖的力量，聲稱劉氏能當上皇帝是天意所賜，使人民聽從、順服，因此，圖讖之學便彌漫在漢代人民的心中。到了西漢末年，王莽出於篡奪漢朝政權的政治考量下，也利用圖讖證明自己該當皇帝了，這顯然是承襲漢朝對人民統治方式的一種謊言。雖然不見得科學，但是由於「圖讖之學」在社會上十分流行，所以班彪也想要藉著「圖讖」的力量，再度向人民宣稱劉秀才是天下的皇帝。

＊小朋友，請你想一想，在《史記》之前我們還有哪些史書？說出來肯定讓你嚇一跳！

　　從《尚書》開始，我們就有了悠久的史書傳統，我們列舉較有代表性的史書來說：《尚書》是一本以記錄言語為主的史書，而《春秋》三傳之《左傳》、《公羊傳》、《穀梁傳》則以編年（以年代先後為序的寫法）、記事（以事件為主的寫法）的方式記錄春秋時代的重要史事，另外還有《國語》一書，則以國別體（以國家為區別的寫法）記錄歷史。這些體裁各異的史書，匯集成我國優良的史書傳統。小朋友，你認得幾本呢？

以自己的力量，寫下自己的觀點，為漢朝留下一點東西。」

班固抿抿嘴唇，似乎想說出什麼話來激勵父親，但只發出「呀呀呀……」的聲音。班彪像是聽懂了班固的話一般，接著說：「嗯，等你長大，你就會懂的！」

畫面轉回兵荒馬亂的戰場，呈現出來的是漢朝疆域的空中鳥瞰圖。當時，劉秀（即漢光武帝）已經控制了中原大部分的地區，定都洛陽，但全國尚未統一，各地仍有許多割據勢力。其中最大的兩個勢力分別是占據隴西的隗囂，以及占據蜀地的公孫述。這樣割據的形勢，誰也看不出將來有什麼發展。

這時，為了躲避戰禍的班彪，倉促的帶著簡便的行囊逃到隴西一帶。

　　占據隴西的隗囂為了表現出自己的謙恭愛士，以博取天下人的信任，壯大自己的聲勢，特別擺出一桌好菜好酒，準備替這位博學的讀書人接風。宴席間，隗囂關心的詢問著：「依班兄分析，天下割據的情勢將會如何發展呢？」

　　一心向著漢朝的班彪，大膽向隗囂表達自己對天下局勢的看法：「承蒙隗兄抬愛，小弟對天下局勢是有一點小心得，想與隗兄分享……。」

　　隗囂一聽，樂得連喝三杯酒，開心的說：「早就耳聞班兄博學多聞，如今一見，果然名不虛傳，看來我找到一位局勢分析家了，如果可以，我想請你作我的軍師，幫我分析天下大勢，如何？」

　　班彪一聽，嚇得臉都綠了，連忙說：「隗兄，隗兄，你誤會

了！我剛剛的話，不是這個意思！」

隗囂問：「不是這個意思？那是什麼意思？」

班彪為了天下大局，不顧自己的性命，放膽說道：「依小弟所見，劉秀才是天下共主，隗兄應該放棄割據，擁戴劉氏！將來劉秀中興漢朝，隗兄必然也是重要功臣啊！」

班彪話一說完，隗囂早已氣得臉紅脖子粗，恨不得把班彪拖下去斬首，但是礙於要維護自己愛士愛民的形象，因而作罷，班彪也因此逃過一劫。

班彪知道自己的言行已經使隗囂非常生氣，為了避禍，他再度逃難。這次來到河西，投靠大將軍竇融。

竇融十分善戰，不僅在當時占有河西一塊區域，更成為各方割據勢力都想極力爭取的武將。

竇融和班彪由於是同鄉，兩人一見如故；加上竇融久聞班彪之博學，凡事無論大小，竇融都客氣謙卑的向班彪請教。一天，竇融接到隗囂的邀請函，請他過去作客，一同討論天下大勢。竇融興奮的跑去告訴班彪：「班兄，你知道嗎？隴西隗囂竟然邀請我過去作客，說要好好宴請我呢！看來，我出頭的機會到了！」

班彪一聽，馬上變了臉色說：「竇兄請三思。」

竇融疑惑的問：「怎麼了？隗囂可是大名鼎鼎的人物，難道班兄對他有意見嗎？」

班彪回答：「不瞞竇兄，其實我正是從隗囂那裡逃到這裡來的……。」班彪說到這裡，欲言又止，怕傷害了兩人的友情及信任，但是又不想讓竇融誤入歧途，他心裡掙扎著。

竇融第一次看到班彪對於說

出自己的意見顯得遲疑，心裡也很疑惑，爽朗的說：「班兄，從未聽你說過你從隴西過來，怎麼一講起來，吞吞吐吐，不像平常的你？」

班彪無奈的笑了笑，說：「竇兄，我實在有難言之隱，因為怕傷了我們的感情！」

竇融仰天哈哈大笑，說：「班兄，你重視我們的感情，我難道就不重視嗎？你不老老實實說出來，才是破壞我們的感情啊！」

班彪心想：「仰天長嘯的竇融和連喝三杯的隗囂其實有同樣的特色，他們都一樣信任我，一樣擁有爽快的個性，但一個只是我投靠的對象，一個卻是我最好的兄弟，我如何厚此薄彼，只把自己的想法告訴隗囂，而對竇融吞吞吐吐呢？更何況，在這種混亂的時局，應以天下為重，相信竇兄也是明理的人，我怎麼能假設

他會像隗囂一樣，聽不進我的話呢？」班彪想完，便坦然的說：「如果竇兄想知道，我就老實告訴你吧！在隴西那段期間，我勸隗囂放棄自己的勢力，投效劉秀，但是隗囂不願意，甚至覺得自己才能當皇帝，因此我們一言不合，我為了逃命，便到了這裡……。」

「班兄認為我也應該投效劉秀，而不是投效隗囂，是嗎？」竇融打斷班彪的話，露出吃驚的表情。

班彪心想：「竇兄果然與我心有靈犀，我只是輕描淡寫，他卻已經聽出我的言外之意了！」於是更加重語氣說：「是的，如果竇兄願意聽我一勸，我想，將來你一定不會後悔！」

竇融拉住班彪的手說：「班兄，在這個時局，誰不想發揮自己的能力，替真正的天子建功立業，解除天下蒼生的痛苦？我倆

這麼好的兄弟，我當然相信你的觀察，請你仔細為小弟說明吧！」

　　班彪經歷了戰爭的逃難，加上隗囂的不信任後，第一次露出欣慰的表情。

　　鏡頭漸漸拉遠。院子裡，柳葉輕輕的擺動著。班彪正詳細為竇融解說自己的〈王命論〉，竇融時而露出喜悅的表情，似乎對班彪的解說感到很有興趣。

　　就在這寧靜而甜美的時刻，決定了劉秀將來的命運，也決定了漢朝的命運。後來，竇融果然聽從班彪的建議投靠劉秀，加速了劉秀的統一步調……。

　　看到這裡，螢幕漸漸轉暗，影片也告一段落。

　　「班彪真是勇敢！」順彬首先對班彪表示讚美。

　　劉博士說：「不只勇敢，班彪十分具有歷史家的眼光，在王莽

兵敗而漢朝尚未重新建立政權時，他便看出天下局勢的發展。他勸竇融擁戴光武帝，這是讓漢朝重新建立起來的重要力量。正因為這樣的遠見，使他得以成為司馬遷之後，書寫漢朝歷史的作者。」

　　劉博士一說完話，圓弧形的螢幕上竟出現歷史博士的身影，他欣慰的伸出手來，撫摸芸需及順彬的頭說：「你們看得很入迷，我的剪輯應該沒讓你們失望吧？」

　　芸需意猶未盡的說：「很精彩，可惜太短了，不過癮！」

　　歷史博士笑著說：「雖然短，但是班彪的這些生活片段，是很具有代表性的，也對班家留下深遠的影響。首先，由於〈王命論〉是宣揚劉氏正統地位的文章，所以班氏家族在王莽敗亡後，得以重新茁壯。班彪在漢朝任徐縣縣令一官，可以說是班家

勢力抬頭的開始；其次，班家和竇家的友情匪淺，也是從這時候建立的。班彪和竇融一見如故，因為他們都是扶風人，不僅有同鄉之誼，還有相同的興趣及見解。竇家和班家後來都曾經奉命出使西域，因此兩家情誼很深厚！最後，這個故事正如劉博士所說，可以看見班彪的歷史眼光，他一心想創作《史記後傳》，雖然並沒有完成便離開人世，卻成為班固《漢書》的前身。目前《漢書》中的〈元帝紀〉、〈成帝紀〉便是班彪原作，而〈偉賢傳〉、〈翟方進傳〉、〈元后傳〉的贊語也都標示著班彪所作，可見班彪對班固的影響之大！班彪對班固最直接的影響就在於史傳的創作上，因此，我們可以說，班固是繼承父志，以完成其著史事業的！」

　　「謝謝歷史博士詳盡的解

說！不過，我想請問：關於《漢書》這本書，歷經班彪、班固父子兩人才完成，總共費時多久的時間呀？」芸霈想起司馬遷歷經近二十年的閱讀、搜羅史料，才撰寫成《史記》一書，對於《漢書》花了多少時間感到相當好奇。

歷史博士說：「很好的問題！可是，我的答案很可能會讓妳及順彬嚇一跳。其實《漢書》不只由班彪、班固父子所寫，班彪的女兒班昭，及東漢有名的讀書人馬續，都參與了《漢書》的創作，只是班固是最主要的作者，他一個人嘔心瀝血寫了二十多年，所以我們往往說《漢書》是班固寫的。如果從班彪算起，一直到馬續為止，《漢書》的寫作前後斷斷續續歷經八十年以上，比《史記》多上好幾倍！」

「可見一部史書的創作，需

要花費多少精力及時間，並且，還需要具備耐心和毅力，才能一筆一畫傳達出自己的想法，流傳後代，造福後人。司馬遷和班固用他們的生命，幫我們記錄歷史，可以說是很偉大的喔！」春衣姐又適時的替歷史博士的解說加上註解。

順彬這時也提問：「班固究竟是受過什麼樣的教育，才可以成為歷史學家的呢？」

歷史博士豎起大拇指說：「順彬也問得很好！在第一段影片中，其實我們可以感覺到班固從小就是個聰明的小孩，加上班彪十分重視小孩的教育，因此，班固從小就熟悉中國經典。他九歲時，就能寫文章、背詩賦了！在班固小時候，父親班彪因為博學多聞，在洛陽居住期間，常常有許多人慕名而來，想要拜班彪為師，或者請教學問，所以常有許

多好學的讀書人往來於班家。在班彪諸多學者朋友的影響下，年輕的班固因此獲得不少學習機會。在班彪的學生中，有一個後來成為東漢傑出思想家的王充，他只大班固五歲，和班固也很聊得來。有一次王充和班彪正在討論歷史大事，班固也在一旁提出自己的見解，王充聽了覺得極為佩服，忍不住告訴老師說：『這個小孩對歷史很有自己的想法，以後一定會成為記錄漢朝大事的偉大作者！』*事實證明，王充說的話果然沒錯！隨著年紀的增長，班固在十六歲時入太學*讀書，他用功苦讀，貫通《詩》、《書》、《禮》等儒家經書典籍，對於諸子百家之說也都能盡力涉獵，因此成績十分優異。聰明及好學，讓年紀輕輕的班固，就已經具備頗高的文化修養和著述能力，才能繼承父親的志願，

繼續《漢書》的創作。」

「由班固的求學過程可以知道，一個人僅有聰明是不夠的，還要勤奮好學，才能有偉大的成就。在中西歷史上，很多對世界很有貢獻的名人都是如此！」劉博

放大鏡

＊這是一段出現在《後漢書》卷四十〈班彪列傳〉註文裡的小故事，雖然記載簡短，我們不能窺見班固精彩的談話內容，但是由王充的讚美詞中，我們已經可以想見班固早慧而聰穎的形象。這段註文的原文是：「固年十三，王充見之，拊其背謂彪曰：『此兒必記漢事！』」班固之聰慧固然值得稱許，而王充的識人之明也是令後人激賞的！

＊**太學** 小朋友，你知道嗎？中國在兩千多年前，就已經設立國立大學，當時的名稱就叫作「太學」！

「太學」是漢代的最高學府，由於漢武帝非常看重儒家經典，所以在首都長安設立太學，其中有《詩》、《書》、《禮》、《易》、《春秋》五經博士，就是我們現代的大學教授，以及博士弟子五十人，就是我們現代的大學生。從西漢開始，太學便辦理得相當成功，人數年年增加，西漢末年已經有三千人左右，王莽時代更高達一萬多人。

太學的設立起初是為了推行儒家的教育，建立漢朝思想的統一地位，所以從太學裡畢業的學生，往往就能進入朝廷當官，為國家社會服務，因此太學也成為官僚教育的重要支柱；更由於辦學成功，太學在文化傳播上也起了很大的作用。

東漢光武帝統一漢朝後，延續著太學的優良傳統，加以發揚光大，因此東漢時代的太學規模，已經大過西漢。班固以十來歲的年紀進入太學就讀，才華洋溢，前途看好，簡直是現代的人文資優生！

士也替歷史博士的話作了一段小結論。

「順彬、芸霈都很聰明，如果能一直保持求知好問的精神，相信將來也會很有成就的，祝福你們！」歷史博士充滿感性的說。

順彬和芸霈異口同聲的說：「謝謝！」

歷史博士看一看手表，不安的說：「和你們討論真的很愉快，可惜按照時間的排定，我必須趕到另一個時空旅行的會場去講解另一段 VCR。我留下一卷關於班固著作的錄影帶，由你們自行觀賞。有任何疑問可以隨時和我聯繫，我會透過螢幕和你們繼續溝通……。」歷史博士話尚未說完，螢幕上的身影卻越來越小，好像乘著時空旅行的馬車，「叩嘍叩嘍」趕路去了。

這一幕讓芸霈想起《愛麗絲夢遊仙境》裡，穿著深色燕尾

服，手裡拿著馬表，口中一直嚷著「遲到了，遲到了」的小白兔。一想到這，芸霈忍不住笑出聲音來。很遠很遠的地方，傳來歷史博士的回音說：「芸霈，芸霈，妳再胡思亂想，就要趕不上錄影帶的播放嘍！」

　　「我錯過了嗎？」芸霈一抬起頭，螢幕上班固的身影已經再度出現……。

7 與班固的眼神追逐

「芸霈，別急，別急！這卷錄影帶經過特別設計，每個段落都會出現一個可以點選的游標，妳必須隨時保持專心，找到游標後，用眼睛直視它，游標便會透過妳的視線，解讀妳的想法，將影片帶領到妳想要看的地方。其中較困難的部分是，我們四個人必須眼神一致，影片才會順利往下播放。這可以用來考驗我們四人的默契，培養採訪時的專注及融洽氣氛。剛剛妳偷偷想著小白兔的時候，我們三人都已經找到游標。現在，只差妳一個人嘍！」

春衣姐「讀語機」的功能簡直是隨時呈現開機狀態，連芸霈胡思亂想的時候，都會被發現。

「我得專心一點，不要拖累大家才好！」芸霈不好意思的對春衣姐

說:「對不起。」然後專注的在螢幕上尋找游標。

「啊，找到了！」說時遲那時快，當芸霈說完話，影片也由第一個畫面：班固蓄著鬍子，頭髮往上紮得整整齊齊，手捧著書，端坐在書桌前的樣子，慢慢往書房四周移動，出現班固書房的立體環視圖……。

班固的書房除了擺置整齊的圖書之外，顯得空空蕩蕩，沒有多餘的擺設。連桌上也收拾得十分整齊，幾支端放的毛筆，幾塊書寫用的竹片*，就再也沒有其他東西了。班固一個人坐在書桌前看著父親留下來的《史記後傳》，帶著一臉堅毅而憂愁的表情，顯然尚未從失去父親的痛苦裡恢復過來……。

游標再次出現在班固的腦

袋，他們四人很有默契的一起盯著那游標。畫面先是一片空白，

放大鏡

※你一定會想到：在東漢時代，蔡倫不是造紙了嗎？為什麼班固還要寫在竹片上呢？

答案是蔡倫生存年代為西元 65 年（尚有爭議）到 121 年之間，稍微晚於班固的西元 32 年到 92 年，所以班固還沒有機會接觸到蔡侯紙！

但是小朋友，你知道嗎？根據考古資料的發現，其實早在蔡倫之前，中國就已經有紙的出現，只是當時的紙較為粗糙，雖然可以用於書寫文字或者繪圖，但是成本較高，一般人寧願選擇笨重的竹片或木片來書寫，所以當時的紙並不普及。然而，自從蔡倫將樹皮、破布、麻頭和魚網等等廢棄的材料充分利用，大大降低了紙的成本後，不但大受歡迎，使中國的書寫工具獲得改變，後來，蔡倫更被視為影響世界歷史的一百位名人之一！你看，古代中國人，是不是對世界很有貢獻呢！

那麼，你知道在紙出現以前，人類還曾經使用過哪些材料來記錄文字嗎？下面我舉幾個例子來說明：我們的祖先最初是將文字刻在烏龜的甲殼，或者牛的骨頭上，這樣的文字被我們稱為「甲骨文」；到了商周時代，青銅器非常發達，所以古人又將文字刻在青銅器上，我們稱為「鐘鼎文」，還有一些刻在石頭上，我們稱作「石鼓文」；春秋末年，人們開始用新的書寫材料，「簡」指的就是竹片，而「牘」指的就是木片，合稱為「簡牘」。在竹片或木片上寫字雖然比寫在青銅器或石頭上容易、輕便得多，但是往往數量龐大，攜帶不易，所以尚有一種更輕便的書寫工具——絹帛。然而，絹帛價格昂貴，一般人用不起，因此，一種輕便書寫工具的產生簡直迫在眉睫。在這樣的情況下，蔡侯紙一出現自然受到大眾歡迎，而且經過不斷改良，促進了中國文化的保存與傳播。

哇！居然一張紙就有這麼多的演進歷史，是不是很有趣呢？

然後出現了泛黃的顏色，人物也慢慢清楚起來。他們好像進入班固的回憶世界裡了……。

班固一家人乘著雙轅馬車，後面拖著一輛裝滿行李的車箱。班固的妹妹班昭躲在馬車的一角偷偷掉淚，弟弟班超在一旁安慰她說：「妹妹，別傷心了，爹一定不希望我們這樣難過下去呀！」

班固這時伸出手來拍拍班昭及班超的肩膀，雖然未說一語，但是從班超及班昭的眼神可以了解到，他們都已經接受哥哥關懷的心意了。體貼的班昭還擦了擦眼淚，對班固說：「大哥對不起，讓你操心了。我真的很難過，尤其想到父親尚未完成《史記後傳》，就離開人世，不禁替父親感到非常遺憾。我知道，哥哥絕對是繼承父親志願、完成這本書的最佳人選，你一定要堅持下

去，不要讓父親失望。如果需要我的幫忙，我也一定義不容辭呀！」班昭說完，兄妹三人緊緊的擁抱在一起，像是一種面對茫茫的未來，大家將自立自強、團結一致的象徵。班昭臉上又悄悄的垂下一滴眼淚，班超及班固則紅著眼眶，抿了抿嘴脣，企圖不讓眼淚掉下來……。

　　馬車緩慢的從京城洛陽離開，他們將要回到老家扶風安陵去居住。因為班彪去世了，班家一下子便失去留在京城的理由，加上京城的生活開銷較大，於是班固以一家之長的身分，決定搬離洛陽，回到鄉里過平民的生活，在平靜的生活中，完成父親未竟的理想。

　　畫面回到班固的桌案前，他緩緩放下父親的書，對自己說：「有一天，我要再回洛陽，像父親一樣，以學者的身分，讓班家

在歷史上發光發亮！」

　　畫面到這裡停住，芸需立刻發現游標停在班固放下的書本上，於是直盯著書本瞧。就這樣過了兩秒鐘，畫面還是靜止不動，她開始懷疑是不是自己又成為害群之馬，拖延了錄影帶播放的速度。這時聽見劉博士說：「順彬，你找到了嗎？」她才放下心來。順彬一經提醒，眼睛骨碌碌的轉，終於找到書本上的游標，進入下一段影片……。

　　班固夜以繼日的坐在書桌前，或奮筆疾書，或翻查資料，似乎對於寫作《漢書》一事，卯足了心力。黃昏的時候，追隨班家三、四十年的老僕人楊奶奶，端上一杯茶，擔心的對班固說：「像你這樣把責任全部扛在自己身上，一天到晚悶在書房裡，是

會生病的。看在我服侍了班家這麼多年的分上，請聽我勸你一句話：找時間讓自己休息一下吧，可不能為了讀書而累壞身體啊！」

楊奶奶說完，小心翼翼的放下手上的茶。班固抬起頭來說：「楊奶奶，謝謝妳對班家這麼多年來的付出，也謝謝妳的關心與照顧。但是，妳知道嗎？我一動筆就停不下來，有不懂的地方就想立刻找資料來對照，因此，真的離不開書桌啊！」

楊奶奶無奈的看著班固說：「你真是和你父親一個樣，一下筆就停不下來。我也不吵你了，只是記得多照顧自己的身體啊！」然後拖著沉重的腳步離開班固的書房。

這時，班超緊張兮兮的走進來，對班固說：「大哥，你知道嗎？扶風最近有一個人被告發『偽造圖讖』，送往京城審判

後，已經被處死了！」

班固放下筆來說：「你是不是害怕我也會被人以『私撰國史』的名義抓到京城去呀？」

班超露出擔心的神情說：「是啊，大哥，你不是不知道，史書一直以來都是國家的重要圖書，不准外露，不准個人擁有，更不准非朝廷任命的史官來書寫。你繼承父親寫作的事，朝廷早有聽說，何況家裡擁有一些有關歷史的資料，我怕有一天，有人真的會以『私撰國史』或者『私藏史書』的理由，將你抓走啊！」

班固一臉鎮定的說：「我們班家原本就是要書寫歷史的，《太史公書》也是西漢成帝送給我們祖先班斿的，現在的皇帝又怎麼會因為我們擁有歷史書籍，就把我抓起來呢？」

班固雖然極力安慰班超，但兩人的擔心都明顯的寫在臉上，

畢竟撰寫歷史而沒有經過朝廷同意，在那個時代是不被允許的，這是班固及班超都心知肚明的事情。

果然，過了沒多久，就有人向皇帝告發班固私自撰寫國史，班固便被朝廷官吏以「私修國史」為理由，強行押到京城去了！班家上上下下都十分緊張，認為班固大概凶多吉少，楊奶奶甚至心急的大哭：「可憐的固兒，可憐的班家啊！」唯有勇敢的班超立刻整理行囊，準備上洛陽城去拯救哥哥。

班超到了京城，透過一些朋友的幫助，終於得以將自己的陳情書交給了當時的皇帝——東漢明帝。明帝看了班超的上書，深深被他的勇敢所打動。於是，決定下達旨令，將班超帶到皇宮裡來問話，看看到底是怎麼回事。

明帝問：「班超，相信你也很

清楚，沒有朕的命令就私自撰寫史書，是觸犯大漢律法的。既然如此，你有什麼理由替你哥哥辯解呢？」

班超二話不說的跪在明帝面前說：「聖明的皇帝啊！我和家兄班固當然都知道不可以私自撰寫國家歷史這件事，但是如果撰寫的目的和皇上您的立場沒有違背，就不算是有害國家，反而是有利於國家，不是嗎？」

明帝疑惑的問：「這話怎麼說？」

班超繼續大膽進言：「我父親班彪一直想完成一部記錄大漢偉大歷史的書籍，但不幸尚未完成就離開人世。家兄班固亦如父親一樣博學多聞，是繼承父親撰寫大漢歷史的不二人選，相信您在看過家兄的草稿之後就會明白！就我所知，大漢之所以規定不能私撰國史，原因在於撰寫的人往

往見識不足，不但不能充分發揚國家的偉大，反而在史書中作了不真實的記錄，甚至汙衊國家。但是，家兄撰寫史書的目的，絕不是要使大漢蒙羞，而是要發揚大漢偉大之處，讓千秋萬世的後人，都能看見漢朝遼闊的版圖、不朽的功績。家兄這樣的努力，難道不是有利於國家嗎？這樣的用心，難道您忍心置家兄於死地嗎？」

明帝一聽，露出驚喜的眼神說：「來人，快將班固的手稿呈上來！」然後走下臺階，扶起班超說：「班彪的博學，洛陽城裡無人不知、無人不曉，誰不想拜他為老師呢！原來班彪的兒子班固就是要繼承他的志願，發揚漢朝的偉大。班固這樣的心願，我怎麼會不鼓勵，反而傷害他呢？」

聽到皇帝的話，班超這時終於露出放心的微笑，他拱起手

來，對皇帝作揖行禮，一拜再拜的說：「多謝皇上，皇上英明……。」

班超在明帝的指示下，被帶到皇宮裡的客房稍作休息，明帝則一個人靜靜的坐在桌案前，慢慢檢視呈上來的手稿，一邊看，一邊點頭微笑，說著：「班固，班固，幸好你勇敢的弟弟救了你，否則，漢朝也要平白無故失去一位偉大的歷史學家啊！」

不一會兒，班固也被帶到皇宮裡來。明帝對班固說：「我十分欣賞你的志向，以及你豐富的學識。若不是你弟弟班超，我恐怕沒機會好好認識你。看過你的文章，我覺得你的文筆很好，想命你為『蘭臺令史』，掌管書籍校對，以及我的奏章。這雖然不是個大官，但可以幫助你完成你父親的志願，也可以稍微支助你們一家的生計，不知你意下如何？」

　　班固簡直受寵若驚，剛剛在監牢裡憂愁的心思，一下子一掃而空，他連忙對明帝說：「謝謝皇上！我簡直是因禍得福！微臣一定會盡力完成這部書，不辜負您的期望啊！」

　　明帝也滿意的笑了笑，接著他們還一起討論了學問。明帝對於班固如此年輕，就有這麼深厚的學養感到非常意外，一種惜才之情，充分流露於眼神中。這時班超也來到大殿上，兄弟倆忍不住開心的抱在一起。最後，帶著幾件皇帝賞賜的禮物，開開心心的離開皇宮，準備回到扶風老家，把這個喜訊和班家每個人分享……。

　　芸霈和順彬兩個人藉著影片的帶領，逛足了漢朝宮殿，也一掃無法以貴族身分進入漢朝探訪的遺憾。後來，大家不約而同的

找到躲在班固微笑的嘴角邊的游標，影片立刻接續下去。

　　班固以「蘭臺令史」的身分來到洛陽城，不久後，班超、班昭與母親也跟著來到洛陽。班固所接獲的第一項任務是和陳宗、尹敏、孟異等同事一起完成〈世祖本紀〉的撰寫，由於班固在書寫這篇文章時，表現十分出色，明帝不但開心得立即將班固晉升為「郎官」，同時也更加欣賞班固的才華，時常找班固請教學問。自從明帝知道班固有獨立撰修漢史的宏願，也希望藉由班固之筆進一步宣揚漢德，於是下詔要班固修史以來，班固著史的合法性便得到確認，再也不用擔心受怕；加上有皇家圖書可供翻查，班固開始全心投入撰史的事業中，撰史速度大大加快。

　　一個風和日麗的下午，班固

又來到皇宮裡，明帝親切的問：
「咦？就你一個人來洛陽嗎？你
的弟弟班超呢？他近來好嗎？」

　　聽到明帝對自己的家人如此
關心，班固覺得十分榮幸，一五
一十的回答：「弟弟班超以及家母
也都一起到了洛陽，承蒙皇上的
照顧，我們一家人都很好！」

　　明帝繼續追問：「那麼，他近
來都做些什麼事呢？」

　　班固回答：「除了幫人抄寫書
籍外，大部分的時間都在家裡奉
養年老的母親。」

　　明帝一聽，搖頭嘆氣說：「真
可惜，我對班超的勇敢以及能言
善道的口才，留下很深刻的印
象。這樣吧，就任命他為『蘭臺
令史』好了！」

　　班固代替班超向明帝致謝，
心滿意足的離開皇宮。

　　看到這裡，游標隨著班固自

信的腳步漸漸向前而去。畫面上
短暫的出現班超英勇作戰的模樣
……。

　　黃沙滾滾，荒垠無際，轉任
西域都尉的班超帶領著漢朝軍隊
勇猛前進，每個人臉上充滿堅毅
與自信，想必這又是一場勝利在
握的勝仗。畫面特寫班超的臉，
他揚眉豎目，儼然一代大將的氣
勢。

　　芸霈一行人在這樣雄赳赳、
氣昂昂的時代氣氛下，似乎也感
受到班氏家族的氣勢已經漸漸復
甦。春衣姐悄悄貼近芸霈的耳邊
說：「班超以過人的勇敢與智謀，
在西域活動達三十一年之久。他
最偉大的功績在於：挫敗匈奴想
要聯合西域各國，藉以對抗漢朝
的計謀，因而鞏固了漢朝在西域
的統治，也保護了西域各族的安

全，使得維繫東西經濟貿易的『絲綢之路』暢通無阻。因為這樣卓越的功勳，他被封為『定遠侯』！」

「這時的班家似乎在洛陽城重新站立起來了！」芸霈暗自欣喜著。他們四人再次隨著游標的前移，來到班固的桌案前。班固孜孜矻矻寫作、閱讀的形象鮮明的展現在四人面前：

班固端端正正的坐在桌案前，瀟灑的寫著〈兩都賦〉。他從西漢首都長安的富庶情況寫起，文章中出現各階層的人物活動，以及宮殿的奇花異草、瑤池美玉、珍禽異獸，展現出一幅動靜有致、無所不包的立體京都生活風貌。但是，文筆一轉，班固寫下對西漢末年禮儀法度毀滅的感嘆，說明東漢建都洛陽的正確性，接著以更熱情的筆調描寫東

漢增建宮殿、開發苑囿、出狩田獵、安撫四夷、修治禮儀的各種建設及改革，於是東漢人民的生活亦如西漢富庶，洛陽城一如長安一樣宏大壯麗，甚至更勝一籌！文末，居安思危的班固更提醒東漢皇帝要勤儉治國，以維持富強的盛況。

　　寫完〈兩都賦〉，班固整整衣袖，拿起一旁年少時的作品〈幽通賦〉，在書房裡朗誦起來。從班固抑揚頓挫的語音中，芸霈一行人更容易理解這一篇文章的內容：這是一篇描述自我家族譜系、生平經歷，以及抱負期望的文章。班固念及自己的志願時，流露出一股失神落寞的神態。

　　影片居然在這裡停格，四人好奇的隨著班固落寞的眼神，來到班固四十八歲那年。

　　這時的班固不只蓄著鬍子，而且，還多了幾道深深淺淺的皺紋。歲月毫不留情的在他臉上留下痕跡，但是這些痕跡，卻讓他顯得更加成熟、自信，一點也沒有損害身為一位大學者的形象。

　　班固依舊夜以繼日的坐在桌案前查資料、寫文章。畫面上的他正聚精會神的朗讀著剛完成的作品〈答賓戲〉。這篇文章以問答的形式抒發自己才能卓越、文章超群，卻僅能任一小小郎官的苦悶與感慨。然而睿智的班固，經過時間的洗鍊之後，越發確定自己的志向，他說：「人各有其志，各司其長，毋須汲汲爭名求利。陸賈、董仲舒、劉向、揚雄等人皆著書立說，揚名立萬；伯夷、柳下惠、孔子、顏淵等人，依仁行義，流芳百世。我既然長於著書作文，便要按照自己既定的目標奮鬥不息，不要以官位的

大小來衡量自己的價值！著史的事業，遠遠比高官厚祿來得高尚而有意義，不是嗎？」念到這裡，班固抬起頭來喃喃自語：「從永平五年（西元 62 年）起，那年我才三十一歲，因為『私撰國史』的理由被帶到洛陽城，卻因禍得福。算一算，居然已經過了十七個年頭，我都已經超過不惑之年＊許多，再過不久，就要到知天命的年紀了。父親的志願，我尚未完成，得加緊腳步呀！」

放大鏡

＊不惑之年　孔子曾經說過：「吾十有五而志於學，三十而立，四十而不惑，五十而知天命，六十而耳順，七十而從心所欲，不逾矩。」在這段話中，孔子用簡短的幾句話，便報告了自己一生求學的心路歷程。所謂「四十而不惑」是說到了四十歲的時候，大致已經看過人生百態，建立起自己的一套看法，因此，對一切事理都能通達，沒有疑惑，再也不會對自己選擇的路感到懷疑。從此以後，「不惑之年」指的就是四十歲。

而「五十而知天命」則是說，到了五十歲的時候，人會知道天命是什麼，明白了老天給你的限制，你便知道如何掌握自己的命運。同理類推，班固口中的「知天命」，指的便是五十歲。

經由以上的解釋，現在你可以猜出班固當時的年齡嗎？答對了！班固這時已經四十多歲，再過幾年就要五十歲了！

　　這時游標突然占滿了整個畫面，然後變成一串文字：

　　現在是你們的採訪時間了，預祝順利！

　　文字之後，畫面一下子消失不見，四周一片漆黑，芸霈和順彬害怕得不知如何是好。這時，耳邊傳來熟悉的聲音，是劉博士小聲的說：「畫面上你們最後看到的場景，就是等一下會見到班固的樣子。下一次燈再亮起來時，你們就已經穿越螢幕，進入東漢了。準備好了嗎？」芸霈、順彬顯然對突如其來的採訪歷程感覺有點措手不及，張大了嘴巴面面相覷，許久說不出「準備好了」四個字。

　　這時春衣姐的聲音出現：「別擔心，經過這陣子的相處，我對你們很有信心。只要你們注意禮

節，盡量把想問的問題提出來，班固一定會熱心回答的！先提醒你們，等一下你們會出現在班固家門口，敲敲門，便會有人將你們帶進去見班固。」

「你們？難道春衣姐及劉博士不會陪我們去嗎？」芸霈疑惑的問。

「妳猜對了！不過你們放心吧，我和劉博士將守在螢幕旁，協助你們採訪，並且及時記錄下你們採訪的情況，回傳給歷史博士。大家對你們的採訪可是非常有信心的，加油嘍！」春衣姐說。

「這部『超連結機』可以幫助你們和我們聯絡，一有問題，立刻啟動，我們會盡可能的幫助你們。同時，我們也將利用它，隨時提醒你們一些注意事項。」劉博士補充著。

話一說完，四周的燈立刻亮了起來，芸霈彷彿記起自己剛走

出電影院外，被陽光刺得睜不開眼睛的經歷，忍不住閉上眼睛。再度張開時，她看見一扇暗紅色的門，順彬帶著微笑站在她身邊，顯然迫不及待要敲門進去採訪班固了……。

採訪過程全記錄

　　芸霈深吸一口氣，在順彬的敲門聲中，替自己加油。不久，一位和楊奶奶長得極為神似的十七八歲小姑娘出來應門。「她顯然是楊奶奶的孫女了。」芸霈在心裡猜測著。

　　順彬向小姑娘說：「您好，我們久仰班孟堅＊先生的大名，想向班先生請教幾件事，不知可否請您代為傳達？」

　　順彬一出口，芸霈深深為順彬的表現感到驕傲，那有禮貌的態度及謙遜的用詞，一如劉博士和春衣姐的教導，和平常在學校的蠻橫霸道完全不一樣，這真是個美好的開始！

　　小姑娘聽到這樣彬彬有禮的詢問，微笑著將兩人帶到客廳稍候，然後，便去稟告班固有人來

訪的消息。

不久，班固出現了，和最後一個畫面所見的一模一樣，一縷鬍子、幾道皺紋，最重要的是那炯炯有神的眼睛，透露出無限的智慧與光彩。

順彬和芸霈一見到班固，立

放大鏡

＊古人的稱呼比較複雜，除了名之外，還有字、號、別號、官稱……等等，因此，同一個人往往會有好幾種不同的稱呼。如果我們不瞭解這些，和古人對談時，可能不小心就讓人覺得沒有教養，或者粗魯，甚至鬧笑話。以下就讓我們來瞭解一下古人的「名」與「字」吧！

古人在出生後由父親所取的名字，稱為「名」，例如班固，姓「班」，名「固」。「名」的用途在於年幼時，供長輩方便稱呼之用，有時候會加上一些可愛的語尾助詞，例如班家稱呼班固「固兒」，就是一種對其「名」的暱稱；而「字」往往是成年之後才取的，提供平輩和晚輩稱呼之用，例如班固，字「孟堅」。

一般而言，尊稱、敬稱時要用「字」，而自稱、謙稱時則用「名」，就是連平輩之間的互相稱呼，也大多習慣用「字」來稱呼，以表示禮貌，除非是非常熟識的朋友，才會以「名」互相稱呼。

由此可以知道，順彬在這裡稱呼班固為「孟堅先生」，是稱其「字」，所以顯得彬彬有禮，小姑娘也才願意通報，若是順彬一進門便稱名道姓，直呼「班固」的話，就會顯得沒有禮貌，甚至被轟出門外了！

在下文中，班固稱呼司馬遷為司馬子長，也是因為「子長」是司馬遷的「字」。班固這樣的稱呼，可以窺探出他對司馬遷的景仰與尊敬！

刻模仿影片上學來的姿勢，向班固打躬作揖，以示問好。班固首先開口說：「你們好，不知你們打哪來？如何稱呼？」

順彬不慌不忙的說：「孟堅先生，您好！我們也來自扶風，第一次到洛陽城，預備在洛陽停留兩、三天。所謂讀萬卷書，不如行萬里路，洛陽城的雄偉及風光，讓我們大開眼界。這是扶風鄉親希望我帶來給您的醃梅，讓您回味一下家鄉的味道！」

順彬一說完，轉過頭來看了看芸霈。芸霈這才發現自己手上竟多了一罐醃漬的梅子，她趕緊走上前去，交給班固。

班固一聽到是故鄉來的人，開心的合不攏嘴。接過醃梅後，還請應門的楊姑娘沏了幾杯茶，準備坐下來大聊特聊。

班固說：「年輕時，一心想來洛陽貢獻所學，不知不覺過了這

麼多年，扶風的鄉親們還記得我，真好！」

順彬說：「怎麼會忘記您呢？相反的，大家對您印象深刻，非常期待您的歷史著作能趕快完成！幾年前您因為寫史書差一點喪命的事，扶風地區的鄉親都很緊張呢！」

班固說：「不好意思，讓大家擔心了！」

這時，班固注意到一旁的芸霈，面部緊繃，滿臉慌張，於是體貼的轉過頭來對她說：「女孩子能踏出家鄉，到京城來見見世面，是一件很不容易的事情，我最欣賞的女生特質就是勇敢、大方。妳聽過緹縈的故事嗎？」

芸霈這時才發現，自己從一進門到目前為止，尚未說過一句話，難怪班固要以緹縈來鼓勵她了。說起緹縈，芸霈可就提起了精神，滔滔不絕的向班固說著自

己對緹縈故事的看法。有些得自於電影情節，有些則是近日春衣姐和劉博士的補充。班固一聽完芸霈的話，顯然對眼前的小女孩另眼相看，摸摸鬍鬚告訴芸霈說：「的確，就像妳所認識的，緹縈是個勇敢又有智慧的女孩子，一點都不輸給男孩子。聽妳的談吐，妳一定也是個喜歡看書、勇敢、有智慧的女孩子啊！」

芸霈一聽到班固的稱讚，一下子紅了臉，像是接受自己偶像的讚美一樣。經過這番交談，她也慢慢的卸下緊張的心情，和順彬一起盡情訪問。

「孟堅先生是如何對緹縈的故事產生興趣的呢？」這是芸霈從走出電影院就一路想著的問題。

班固笑了笑說：「我一向關心歷史的發展，所以也留意歷史的故事。緹縈的事件之所以引起我的興趣，是因為當時是漢文帝時

代，那正是進入漢武帝強盛帝國的前奏，法令、社會秩序、人們生活等各方面，都慢慢的擺脫了秦朝以來各種戰爭所造成的傷害，逐漸走向和平安樂的世界。尤其是法令，它既要代表國家的權威，又要規範人民，因此拿捏的標準就顯得很重要。只要法令公正，百姓自然就會忠厚，因為判罪得當，人民個個心服口服。文帝雖然是一個勤政愛民的好皇帝，應該會時時提醒自己留意所有與百姓有關的政治措施，但是，誰也不知道，若不是當時勇敢的小女子緹縈，讓父親太倉令淳于公的判罪獲得文帝的注意，進而廢除以往實行的殘酷肉刑，漢朝法令的人道化，不知道還要等幾年？大漢繁榮的時代還要等幾年？搞不好漢武帝巔峰時代，也不會這麼快來臨！」

　　芸霈在班固的解說中，一面

回味自己走過的西漢市集，那熱情洋溢、陽光燦爛的時代，立刻浮現在眼前，一面對班固從緹縈事件所得到的體會，感到大為佩服。

「原來，緹縈救父的事對漢朝影響如此巨大呀！」順彬也忍不住驚呼。

「所以，我才將這個故事的題目定為〈詠史〉啊！緹縈的故事不僅是一個小女子救父的故事，更是牽動整個漢朝歷史發展的重要關鍵。文帝因為緹縈事件而取消嚴苛的刑罰，當時許多官吏也深受影響，漸漸以較寬厚的心態來裁量人民的過錯，人們所受到的壓迫明顯的比秦始皇時減少了許多，對漢朝也越來越有向心力，社會經濟更是蒸蒸日上，這是一種環環相扣的連帶關係。甚至我們可以說，緹縈的勇敢與智慧，是大漢歷史邁向光輝的救

星！」芸霈和順彬在班固的解說下，重新認識了緹縈，也重新了解了任何事件在歷史發展中都有其重要性。

「這樣一個看似平凡的小事件，卻影響了整個歷史的發展，在漢代是不是還有很多呢？」芸霈好奇的問著。

班固投以驚喜的眼光說：「我妹妹班昭也曾經問過我同樣的問題，她很愛看書、提問，跟我現在對妳的第一印象差不多，有機會可以介紹妳們認識，一起討論學問。

「剛剛妳提到的問題，其實也是我對歷史一直以來的假設，我認為這樣的故事必然很多，但是我現在無法一一舉例說明。為了寫這部書，我翻過許多歷史資料，發現許多不起眼的地方，卻往往影響了整個事件，甚至是整個時代的發展。因此，我常常不

肯放過一個小故事，一有疑問就翻檢很多資料，尤其，看到司馬子長先生所寫的《史記》，書中也充滿了各種小故事，給我很大的啟發！

「但是《史記》一書的缺陷在於它是一部通史＊，跨越的時代太長了！這麼長久的年代，包含許多龐雜的人物及故事，想寫得好，其實是相當困難的！子長

＊史書依撰寫的時代長短分為「通史」及「斷代史」兩類。所謂「通史」即是貫通古今的史書，從司馬遷的《史記》為開端；而「斷代史」則以班固的《漢書》為先鋒，是記錄某個朝代的專門史書。而史書的體裁大略可分為「紀傳體」、「編年體」和「紀事本末體」三類。「紀傳體」以人物歷史發展為主線，《史記》及《漢書》都是紀傳體史書的代表；「編年體」則以時間為序，記錄歷史事件的始末，以《左傳》為代表；「紀事本末體」是以事件為主，既不受人物拘束，也不受時間限制，可以補充正史與編年史之不足。

班固捨棄通史的撰寫，固然是由於司馬遷的《史記》已經撰寫得很出色，其「紀傳」的體裁是對《漢書》寫作的一大啟發；然而通史太過龐雜，其中記錄仍有許多不盡理想之處，因此班固改以「斷代」的方式對西漢的歷史進行更細膩的補充與撰寫，其言皆精鍊，事甚賅密。從《漢書》問世以來，斷代為史的方法便一直被仿效，至今沒有人能突破及改變。

先生固然有過人的書寫技巧，以『本紀』、『世家』、『書』、『表』、『列傳』*分門別類敘述故事，但是對我而言，要一時掌握所有敘述的故事，並不是一件容易的事，因此，我採用斷代的方式記錄歷史，希望寫出一部包

放大鏡

*小朋友，上文說到《史記》、《漢書》都是以人物故事為主線的「紀傳體」史書，聰明的你一定會想到：人物如此多樣，如何分門別類去敘述？或者，同一事件有許多人物，如何敘述？

偉大的史學家司馬遷也想到這些問題，因此設立「本紀」、「世家」、「書」、「表」、「列傳」的寫法。「本紀」記帝王，「世家」記諸侯，「列傳」記人臣及各階層歷史人物。每一篇文章通常記錄一個人物，但是如果有人物身分、行為相近者，或是事跡關係密切者也採用合傳的方式呈現，例如：《史記》中的〈伯夷叔齊列傳〉、《漢書》中的〈衛青霍去病傳〉。然而春秋戰國時期有許多諸侯國，西漢文景時代以前也有諸侯王，所以司馬遷以「世家」的方式呈現這些諸侯王的事跡，但到了班固撰寫《漢書》時，這個體例已經不適用了！因為漢武帝之後，諸侯王的地位已經名存實亡，因此，「世家」的體例也沒有再存在的必要！

「書」記載國家體制，如禮樂、律曆等；「表」則是用表列的方式，記錄所要說明的事項，兩者可以彌補「紀傳體」史書之不足。這兩種體例由司馬遷創立以來，《漢書》中也都加以採用，只是班固鑑於《史記》已用「書」一詞，因此將「書」改為「志」。所以《漢書》的體例為：「本紀」、「志」、「表」、「傳」四項。

容漢代重要歷史事件與人物的史書，若讀者要研討漢代史事，也有清楚的線索，容易收到功效！將來，我的書若是完成了，還要請兩位多多指教。」

班固謙虛的言談，讓兩人對他更加的敬重與尊敬。這樣一位大學者，卻處處放下身段來鼓勵、請教身旁的人，順彬忍不住在心中反省著自己，羞愧得連耳根都紅了起來。為了轉移注意力，他趕緊拋出下一個問題：「除了可以發現歷史故事的魅力外，還有什麼原因，會讓您這樣不眠不休的創作呢？」

「喜歡歷史，想記錄下偉大的大漢時代，其實是我寫作最直接的原因，然而因為才疏學淺，不敢說自己能承擔書寫一部史書的責任。而家父班彪一心著史，在我心中烙下很深的印象。父親去世後，堅定了我完成父親遺志

的心願。寫這部書，不只是想宣揚漢朝的偉大，也想記錄下自己對歷史小角落的觀察與發現。

「你們想想看，漢這個時代，已經有兩百多年了，其中有顯赫的功業，也有令人嘆息的弊政。我大致翻過相關的史料之後，有了很大的感慨及興趣。我相信一部歷史書籍能夠帶給後人一些啟示，這是史書必須永遠存在，不能斷絕的最大原因吧！何況，我國向來有優秀的修史傳統，我不希望這樣美好的傳統斷絕，因此決定要以寫史為志。

「再想想，從王莽滅亡到現在，已經經過五十多年的時間了，如果不趁現在將漢一代的歷史記錄下來，將來流傳的資料必然減少，寫成一部史書的機會也勢必更渺茫了。當下不記，更待何時？雖然記錄歷史，應該是當今所有學者的責任，然而父親對

我的啟發，卻讓我義不容辭的擔下這個重責大任，因此，即使不眠不休，也從來不覺得疲憊，只想盡快完成它。」

「剛剛您提到想寫一部關於漢代的斷代史，是由於『當下不記，更待何時？』除此之外，是什麼原因讓您對漢代的歷史情有獨鍾呢？」順彬好奇的問。

「嗯，這是一個非常具有挑戰性的問題。你們一定都知道傳統的讀書人對歷史的看法一向是貴古賤今的！他們眼中所見的美好時代唯有堯、舜、禹、湯、文、武、周公，似乎這些時代過去之後，就再也沒有可供百姓安居樂業的人間天堂。但是我覺得歷史是不斷進步的！每一個時代都有其值得稱許之處，富庶的大漢皇朝難道真的比不上遙遠的三皇五帝、文、武、周公嗎？因此，我要寫下漢代的歷史以宣揚漢

威，挑戰那些崇古卑今的老學究！但史書畢竟是對逝去時代的一種褒貶與追憶，對於本朝的事跡，我想只有留給後人來寫，才算公正、合理。

「我對我所生活的時代是充滿著美好期待的，我認為這個時代之富絕不亞於任何時代！因此在〈兩都賦〉中，我就是這樣讚揚本朝的人民生活及宮殿的雄壯等等，我希望這樣的盛世能傳承下去，當後人看到我的史書時，將了解漢代的盛況，不再一味緬懷遠古時代！」

「孟堅先生，雖然漢代的確富庶，值得稱許，但是難道沒有缺點嗎？例如王莽篡漢，以及漢代末年的禮法淪喪，難道不該檢討嗎？」芸霈也提出疑問。

「你們真是有備而來！一個比一個敢言！」班固摸摸鬍子笑著說。

「孟堅先生，您別誤會，我們是真的對這些問題有興趣，今日難得見到您，想向您好好請教。若有得罪之處，請見諒！」順彬在一旁緊張的說明著。

「哈哈哈，你們別緊張！我非常喜歡這樣的問題，因為這些問題都是我苦心思索過的！我笑你們『敢言』，是因為你們小小年紀就敢於提出疑問，並且一針見血，每個問題都問到我的心坎裡去了！有些話，若不是你們大膽問出，我還真不知道可以對誰說呢！想必你們涉獵不少書籍吧？」班固緩緩拿起陶茶碗，啜了一口，繼續往下說。

「每個時代都有每個時代的盛衰，我們不能因為這個時代的消逝，就抹煞掉這個時代曾有的美好。漢代當然有值得檢討之處，但是我也不會忘記它當年的富庶繁華。寫歷史就是要秉持客

觀公正的心態，為歷史做出評判，讓後人可以以史為鑑，這是我寫史書的自我要求。

「漢代末年王莽以外戚的身分篡漢稱帝，建立『新』，造成漢代覆滅，社會動盪。這段歷史，不只是王莽一個人應扛起的責任，更是整個漢朝應該深為警惕的！若不是漢代承平太久，喪失剛立國時的嚴謹禮法，王莽何以能篡位建國呢？

「王莽雖然建立了一個歷史上的朝代，但不能忘記他是一個亂臣賊子！因此，在書寫這段歷史時，讓我傷透腦筋。我一直在考慮如何公正記錄歷史，並且寄寓褒貶於其中＊。而大漢一朝的成敗功過，恐怕得等我全書完成，請你們仔細品讀之後，就會有完整的概念！」

「除了寫史書，您還有其他志願或興趣嗎？」芸霈想起在東漢

洛陽城，劉博士對琴、棋、書、畫作過詳細又深入的解說，但是大家似乎都對班固這一方面的興趣所知有限，因此想藉著這個機會，親自問一問他。

班固清了清喉嚨，緩慢的端起陶茶碗，若有所思的說:「老實說，閱讀是我最大的興趣。閱讀之後，我最大的志願就是以所學貢獻國家、社會，正如《論語》

放大鏡

＊王莽雖是亂臣賊子，畢竟也建立了一個朝代，當上皇帝，對歷史也產生一些影響。因此，對於這樣一個人物，應該如何記述，就成為必須恰當解決的一個難題。班固沒有將王莽列入「本紀」中，僅將王莽一事以「列傳」的方式書寫，但是這篇〈王莽傳〉卻是成功融合「紀」、「傳」特色的作品。一方面班固依據「本紀」的要求，採用王莽新朝的年號紀年，按照年月順序詳細記錄新朝的建立，及其政治、經濟、軍事措施，直到王莽在農民起義中身亡，新朝隕滅；一方面班固也用「列傳」的體例，敘述王莽的家世、出身、入仕、禪漢的經過，以及其性格、行事。班固撰寫〈王莽傳〉時，有關新朝的可用資料還算繁多，班固採用「本紀」與「列傳」並用的綜合體裁，既可看出他對王莽篡漢的不滿，又可容紛煩複雜的史料於一文之中，可以說是相當高明的！而〈王莽傳〉也是《漢書》中最長的一篇，可見班固處理這件史事時，所耗費的心神及筆墨，必不同於一般！

中子夏所說：「學而優則仕」＊。雖然我尚不及『學優』的地步，但是仕宦為官，為民服務，卻是我最大的願望……。」講到這裡，班固似乎有點出神了，只見他一口一口的啜著茶，空氣裡瀰漫著茶葉的芬芳，所有的回答也暫時終止了。

芸需體會到班固的話中有話，在春衣姐捎來的提示下，悄悄按下「讀語機」，竊聽班固心

＊自古以來，「學而優則仕」是所有知識分子的期待，班固自不例外！

這段話出於《論語・子張》：「子夏曰：『仕而優則學，學而優則仕。』」這句話中的「優」字並非「優秀」之意，而是「有餘力」之意，整句話的意思是說：做官的人如果行有餘力，就該努力學習，讓自己更上一層樓；一個人讀了書如果有餘力就應該以所學報效國家、貢獻社會！

子夏的這段話說明「讀書學習」和「仕宦為官」之間的關係，歷來讀書人更是以這樣的規劃為目標，希望自己學以致用！而如果學問和官位不相稱，或者自覺未能受到重用，未能為國家貢獻己力，往往就會鬱鬱寡歡，例如班固一直認為自己的「郎官」職位實在太卑微，所以時常浮現失落的情緒。但是這樣的遭遇卻讓他更能一心一意以寫作史書為志願，這大概是歷史有意安排的吧？

裡的祕密:「唉，到京城也這麼多年了，雖然一直在皇帝身邊，但是不論蘭臺令史或郎官，總算不上是具有影響力的官位，也無法真正貢獻自己的學問。皇上呀！您知道嗎？我是多麼衷心的期盼能夠為社會國家盡一分心力啊！」

芸霈聽到這裡，深深為班固高尚的志願所感動，她了解到班固所在乎的，已經不僅是涵養自我品格的琴、棋、書、畫而已，而是自己是否具有深遠的歷史眼光，與服務人群的精神，難怪即使班固也有一般文人的雅趣，卻沒有流下蛛絲馬跡供後人尋索，有的只是歷史、人民、社會責任。班固的心情，應該就是所謂的「懷才不遇」吧？

芸霈想乘勝追擊，針對班固的心情繼續發問時，卻被順彬搶先一步。順彬委婉的說:「孟堅先生的志向的確很偉大，所謂『天

將降大任於斯人也」*，若堅持自己的目標，相信有一天會完成心願的！」

班固放下手邊的茶，嘆了一口氣，抬起頭來說：「你們倆小小年紀，就非常成熟懂事、善體人意，將來的成就，一定也非同小可！我一個四十來歲的人了，聽到你們的鼓勵，也覺得很受感動！寫書的心願，一定是要堅持下去的，因為，這不僅是我一個

放大鏡 ──── *「天將降大任於斯人也」出於《孟子》一書，原文是說：「天將降大任於斯人也，必先苦其心志，勞其筋骨，餓其體膚，空乏其身，行拂亂其所為，所以動心忍性，增益其所不能。」整段話的大意是說：上天若是要分派偉大的任務給某個人，必然要先考驗他，看他是否足以承擔下這樣的任務。哪些考驗呢？「苦其心志」，讓他要常常思考；「勞其筋骨」，讓他多多勞動；「餓其體膚」，讓他遭遇飢寒；「空乏其身」，讓他身家貧乏。這些看似嚴苛的遭遇，使他的所作所為都不順利，其目的是要激勵他的心志、堅忍他的性情、增加他所欠缺的能力，讓他成為一個不同凡響的人！

順彬認為班固人生中所遭受的一些挫折，或許正如《孟子》這段話所說，是上天為了考驗班固，測驗班固適不適合擔任書寫史書的偉大任務，而故意出的難題。順彬以這段話來安慰，可以說是說到班固的心坎裡了！

人的心願，也是父親的、家族的，甚至是整個歷史時代的！除此之外，我也想如同我的弟弟班超一樣，投筆從戎，在西域建立邊功，在皇上面前展現自己的才華。能學以致用，才不至於白來京城走一遭，白來世上活一遍啊！」

從班固的言談中，芸需和順彬都充分感受到班固身為一個知識分子，想貢獻自己、服務社會的心願。「原來班固不只有留下史書的志向，也想運用所學，替漢朝開疆拓土。這兩項志願，一文一武，同樣都十分艱鉅啊！」芸需忍不住在心裡替班固思量著。

聊著聊著，天色已近黃昏，班固熱情的想留順彬及芸需用餐，但是，春衣姐卻捎來訊息，要他們立刻返回，不要打擾班固太久，干擾歷史的行進。在一陣婉拒之後，班固拉起順彬的手

說:「既然你們還有其他行程，我也不便強人所難。今天下午，謝謝你們陪我聊天。我非常喜歡和你們相遇後那種一見如故的感覺，總令我想起父親和竇融將軍的相遇，一交談就知道投不投機了。有機會，你們一定要再回來看看我啊！」

芸霈聽到班固如此感性的談話，差一點紅了眼眶，因為了解班固越深，越能發現他是一個極有責任感的讀書人，自己的心情也隨著班固沉重的語氣變得沉甸甸的。幸好順彬適時的將氣氛由凝重轉為溫馨。他拱起手拜別，誠懇且不捨的說:「我們扶風永遠為你們班家對漢朝的貢獻而感到驕傲！請您多多保重身體，預祝您的大作能夠順利完成！」

芸霈還說:「請您好好品嘗醃梅，這是家鄉人對您的激勵喔！」

班固終於露出笑容，親切的

陪順彬、芸霈走到門口，才依依
不捨的轉身回書房。

　　芸霈、順彬一出門，便感到
一陣頭暈目眩，似乎有一股強大
的力量將他們倆吸了進去……。

時空旅行的末站

「回到馬車上了？」回過神來，芸霈忍不住連聲驚叫起來。

春衣姐及劉博士仍然像剛來的時候，低著頭像是在研究什麼資料。芸霈被這副景象弄得糊裡糊塗，感覺自己像是作了一場夢而已，從來都沒有下過馬車。轉頭一看，順彬竟坐在自己身邊。芸霈心想：「至少，順彬上車前我親眼所見到的西漢風光，應該是錯不了的吧？」

這時，順彬揉揉眼睛，也一副大夢初醒的模樣，轉頭對芸霈說：「咦？上車了呀？」

兩人神智不清的模樣，惹得春衣姐掩嘴偷笑，只有劉博士維持著一貫的正經說：「辛苦了，旅程圓滿結束，現在是回程了，請大家仔細聆聽關於班固中晚年的

故事。這是由彩虹宮彩虹鸚鵡為你們所錄製的錄音帶，希望會對你們有點啟發！」

芸霈正想追問：「我們真的經歷了時空之旅嗎？這一切不是夢嗎？」竟然發現自己又是啞口無言，「消音噴霧」又生效了？

陌生而響亮的聲音立刻出現，字正腔圓……。

芸霈、順彬你們好，這時不忍心讓你們看見班固的形象，因為班固顯得比受採訪時更加蒼老、削瘦了。這是東漢和帝永元元年，也就是西元89年，班固剛好五十八歲。

班固之所以顯得蒼老，是因為年邁的母親辭世了，孝順的他，毅然辭掉官職，在家守喪。這時竇融的曾孫竇憲，被任命為將軍，過不久將率領大軍攻伐匈奴。相信你們對班固希望建立軍

功的心願應該印象深刻。果然，班固被這突如其來的機會所吸引，毫不猶豫的投靠竇憲，準備藉這個機會大展自己的才華。

話說竇家，自從光武帝時代班彪與竇融的兄弟情誼開始，一直與班家保持著蠻好的關係，只是竇家靠著征戰匈奴的功績，勢力顯然大過班家許多；東漢章帝初年，竇融的曾孫女還被立為皇后。竇憲依靠身為皇后之兄的關係，很快被封為將軍，竇家的權勢幾乎已經達到顛峰。但是年輕好勝的竇憲，卻倚仗著家族的強權，個性專橫跋扈，專門欺壓弱小，成為令皇帝頭痛的人物之一。

竇憲不只欺負弱小的老百姓，甚至連皇帝的姑母都敢欺負。皇帝的姑母叫作沁水公主，當時在洛陽擁有一塊肥沃的園田，竇憲一看到這座園田，心裡

喜歡得不得了，雖然明知是皇帝姑母的財產，但他還是強行占為己有。沁水公主由於害怕竇憲的氣勢，加上以和為貴的脾氣，因此對此事隻字不提。竇憲以為憑著自己的力量，就可以輕鬆如意的得到這座園田，而顯得更加囂張了！

有一天，章帝與竇憲同乘一輛車經過沁水公主的園田，皇帝高高興興的說：「你看，這田地多麼肥沃！穀物長得這麼好，花開得這麼美。你知道這是誰的園田嗎？」

竇憲一聽皇帝的話，以為皇帝已經知道實情，於是支支吾吾，一句話也答不出來。

細心的章帝對竇憲緊張兮兮的表情感到很疑惑，回到宮殿後，立即展開調查，才發現沁水公主的園田早已被竇憲占據，氣得把竇憲叫來大罵一頓。竇憲終

於將園田歸還沁水公主，這一件事也暫時落幕。

後來，章帝死了，年幼的和帝即位。年僅十歲的和帝需要有人輔佐，於是竇融的曾孫女成為竇太后，掌握大權，輔佐朝政，竇憲這時也成為國舅爺了！

可是一向愛鬧事的他，並沒有隨著年紀的增長而變成熟，反而因為手中掌握的權勢變大，而顯得更加不可一世，他甚至因為權力鬥爭的關係，殺死當時頗有權勢的齊王之子。東窗事發後，竇憲畏懼死罪，於是請求率軍北伐匈奴，想藉此將功抵罪。

竇憲北征匈奴就是在這樣的背景下發生的，可憐的班固毫不知情，就隨著大軍出征。班固一點都不知道，若是這次出征失敗，不僅竇憲必須殺人償命，班固也很可能會受到牽連，再度惹上殺身之禍。

　　幸運的是，竇憲似乎遺傳了祖父的勇敢與運氣，果然一舉替東漢解除了匈奴的威脅，班固也寫下〈封燕然山銘〉及〈竇將軍北征頌〉，對竇憲北征匈奴大加歌頌。

　　原本，這是一件令人興奮的事，班固似乎也完成了自己的另一樁心願，但是生性愛惹禍的竇憲，自從征伐匈奴有功之後，就更加無法無天，不但搶奪民財，甚至想謀害皇帝。然而，竇憲謀害皇帝的陰謀還沒有達成，事跡便敗露了，竇憲也被迫自殺。

　　和竇家一直保持良好關係的班家，更因為班固曾隨竇憲出征匈奴而惹上災禍。班固在竇憲謀劃殺害皇帝的事情曝光後，也被逮捕入獄。

　　關於班固含冤入獄一事，其實也有一段曲折的過程。一天，班固的家奴在路上遇到洛陽令种

競出行，班家奴僕不知何故＊，不但沒有讓路，反而衝撞种競的車隊。种競手下官吏嚴厲的對班家家奴訓斥一番，家奴竟惡言相對。种競自覺威儀受到挑戰，但礙於班家和竇家交往密切，而竇家權大勢大，即使怒火中燒也不敢發威，從此懷恨在心。竇憲案發後，竇家賓客一一遭到逮捕拷問，种競也藉機復仇，羅織罪狀，將班固逮捕入獄。班固平日對子弟及家奴管教不嚴，加上與權貴交往，身邊潛伏著危險卻未能洞察，因此種下禍根。班固被捕入獄後，在官吏的拷打折磨下，居然冤死獄中，當時才六十一歲。

　　後來，和帝得知种競公報私仇之事，十分震怒，雖然下令將害死班固的獄吏處死，但這僅能

＊有人說是喝醉酒的關係。

稍微安慰班固一家人，卻再也喚不回班固了！

班固立志著史的偉大生命，居然在這樣的情況下畫下句點，令人感到萬分惋惜。他冤死獄中時，尚有八篇「表」，以及〈天文志〉沒有完成！

由於《漢書》是一本宣揚漢威的著作，班彪、班固又都是飽學詩書的大文豪，天下人莫不景仰，因此東漢和帝頗重視這部史書，下詔請班固的妹妹班昭繼續整理，以便趕快刊行。

班昭自幼即聰穎好學，在父兄的教導與影響下，熟悉儒家經典與各種典籍，被稱為「博學多才」的才女，為鄧太后＊及馬融＊的老師。和帝深知她是博通古今、學識過人的巾幗奇才，因此傳詔她到皇家藏書閣續修《漢書》。班昭為繼承父兄遺志，欣然赴詔。她在藏書閣中經年累月

孜孜不倦的閱讀史籍，辛勤寫作，但是最後因為年紀大了，體力不支，僅完成八篇「表」便與世長辭。於是和帝又命令當時博學多聞的讀書人馬續，幫助班昭完成〈天文志〉的撰寫。《漢書》經過這麼多學者的共同努力，才能順利完成，尤其班固將畢生都貢獻於這部書，所以被公認為這部鉅著的最重要作者。

放大鏡

＊鄧太后　即東漢和帝之皇后，她從小即愛詩書，入宮後，和帝特請班昭為師，教授鄧太后經書，以及天文、曆術等科學知識。班昭這時已經是人人口中的「曹大家」（當時人們稱學識高、品德好的婦女為「大家」，班昭由於丈夫姓「曹」的關係，便被稱為「曹大家」。「家」在這裡讀作「姑」，專指女性），很受和帝賞識！

＊馬融　是東漢有名的經學家，曾經為《周易》、《尚書》、《詩經》、《論語》等書作注，使古文經學發展至成熟之境，並曾經在和帝的引薦下，拜班昭為師。班昭為馬融講解《漢書》中的難詞古字，再由馬融傳播出去，使得《漢書》得以廣泛傳播、普及。范曄就曾在《後漢書・班固傳》說：「當世甚重其書，學者莫不諷誦」，這段話是說：東漢非常重視《漢書》，凡是讀書求學者，沒有一個人不閱讀《漢書》的！可見《漢書》在東漢和帝、班昭、馬融的重視與推行下，享有很高的地位，成為當時的必讀之書！

　　聽到這裡，你們的旅程也逐漸進入尾聲了。你們表現得恰如其分，歷史博士非常滿意，要我代為傳達對你們的敬意，後會有期！

　　彩虹鸚鵡說完這段話，芸需下意識的拉開馬車簾幕，張大眼睛努力尋找鸚鵡的蹤跡，因為那聲音，感覺是這樣的近在咫尺！可惜只見馬車飛快的奔馳著，四周景物迅速向後倒退。這時的他們，正乘著馬車，快速的離開親切的東漢時代……。

10 依依不捨的終點

　　馬車上的劉博士及春衣姐姐，仍默默的閱讀著資料。因為深怕打擾他們，芸霈及順彬懷著滿腔的依依不捨，卻沒有人可以吐露，芸霈急得眼眶都紅了，尤其看到馬車奔馳得那麼快，一下子就要到21世紀了呀！

　　想著想著，她居然又陷入一陣熟睡。如夢似幻間，她看見歷史博士、劉博士及春衣姐已換掉漢代的服飾，穿起她沒有見過的精靈裝，七彩顏色，笑容滿面的站在彩虹宮前向他們揮手。芸霈急急忙忙將自己從夢中拉回來，一睜開眼睛，發現自己居然坐在電影院的座位上！舉起手錶一看：「14：14」，這不正是「緹縈」電影上演的前一分鐘嗎？

　　她抬起頭來在烏漆抹黑的電

影院裡東張西望，像是在確定什麼事情一樣。這時，後面伸出一隻不禮貌的手，拍了拍芸霈的肩膀說：「喂，前排的，看電影可不可以不要動來動去，會影響後排觀眾耶！」這聲音像極了現實中的順彬。

芸霈忍不住回頭一看，果然是他，還刻意擺出討人厭的鬼臉。芸霈失望的點點頭表示道歉，便轉回座位準備觀賞影片。心想：「果然是場夢，夢裡的順彬已經變得溫文有禮了，夢外的他卻依舊這樣粗魯！」

重新看了一遍「緹縈」，班固對緹縈的深刻理解，以及春衣姐、劉博士、歷史博士的詳細解說言猶在耳。芸霈失魂落魄的隨著人群步出電影院，再次被突如其來的陽光刺得睜不開眼睛。她想發出「啊！」的驚叫時，才發現喉頭又澀又緊，應該是馬車上的

「消音噴霧」剛剛解除。

「那不是夢！我離開東漢竟然不到一個小時！」芸霈想起劉博士說過「消音噴霧」的時效約一個小時，開心的在心裡高呼！

順彬這時也走近她，遞給她一張小紙片，上面寫著:「一個時代的文學藝術狀況，通常可以反映一個時代的面貌。非常開心與你們一起走過光輝的西漢及東漢時代，希望你們好好努力，開創出屬於你們自己的時代！」紙片上有兩個小黑點，止不住的動來動去，像是揮手，又像是揮動著翅膀，然後慢慢往天空遠處飛去。順彬站在芸霈身旁，向遠方不斷揮手，臉上露出自信而開心的微笑。

這一刻，芸霈也舉起手，緩緩的向遠方道別，充實美好的感覺，溢滿整個胸懷。

32 年	誕生於扶風安陵（在現在的陝西咸陽）。
41 年	九歲時，已能作詩賦。
48 年	入洛陽太學讀書。
54 年	父親班彪逝世。從洛陽回到故鄉，著手整理父親的《史記後傳》。
58 年	在父親著作的基礎上，開始編寫《漢書》。
62 年	因私修國史，被捕下獄。弟弟班超替他辯護，明帝賞識班固才華，命為蘭臺令史。
63 年	升遷為郎，典校祕書。
82 年	基本完成《漢書》修撰工作，但八「表」和〈天文志〉未曾完稿。開創斷代史體例。

89 年　　隨大將軍竇憲出征北匈奴。

92 年　　因竇憲圖謀叛亂，被牽連而免官入獄，死於獄中。死後，

　　　　其妹班昭及馬續相繼完成《漢書》。

兒童文學叢書

文學家系列

每一個文學家的一生，都充滿了傳奇……

「文學家系列」，

邀您進入文學大師的祕密花園！

榮獲第五屆人文類小太陽獎

震撼舞臺的人
戲說莎士比亞

愛跳舞的女文豪
珍·奧斯汀的魅力

醜小鴨變天鵝
童話大師安徒生

怪異酷天才
神祕小說之父愛倫坡

尋夢的苦兒
狄更斯的黑暗與光明

俄羅斯的大橡樹
小說天才屠格涅夫

小小知更鳥
艾爾寇特與小婦人

哈雷彗星來了
馬克·吐溫傳奇

解剖大偵探
柯南·道爾vs.福爾摩斯

軟心腸的狼
命運坎坷的傑克·倫敦

國家圖書館出版品預行編目資料

再見東漢:班固 / 楊佩螢著;姬炤華,徐萃繪. －－初版
三刷.－－臺北市:三民,2019
　　面;　　公分.－－(兒童文學叢書 / 世紀人物100)

ISBN 978-957-14-4411-6　(平裝)

1.(漢)班固－傳記－通俗作品

782.822　　　　　　　　　　　　　　　94024009

© 　再見東漢:班固

著 作 人	楊佩螢
主　　編	簡　宛
繪　者	姬炤華　徐　萃
發 行 人	劉振強
著作財產權人	三民書局股份有限公司
發 行 所	三民書局股份有限公司
	地址　臺北市復興北路386號
	電話　(02)25006600
	郵撥帳號　0009998-5
門 市 部	(復北店)臺北市復興北路386號
	(重南店)臺北市重慶南路一段61號
出版日期	初版三刷　2019年10月修正
編　　號	S 781290

ISBN　978-957-14-4411-6　(平裝)

http://www.sanmin.com.tw　三民網路書店